Online Business Passives Einkommen durch T-Shirts

Geld verdienen im Internet war nie einfacher! Inklusive Facebook Marketing und Instagram Marketing Strategie!

1. Auflage

Inhaltsverzeichnis

Vorwort

Zeit gegen Geld. Fast jeder von uns geht diesen Deal ein. Wir tauschen unsere Zeit direkt gegen Geld, geben uns mit einem oft niedrigen Stundenlohn zufrieden und gehen Tag für Tag arbeiten, obwohl wir keine Lust darauf haben. Die wenigsten Menschen haben einen Job, der ihnen wirklich Spaß macht und bei dem sie sich selbst verwirklichen können.

Glücklicherweise leben wir im 21. Jahrhundert und uns bieten sich zahlreiche Möglichkeiten ohne einen festen Arbeitsplatz, ohne Ausbildung und ohne Studium ein finanziell freies Leben zu führen. Das Internet macht es möglich! Im Internet liegen Milliarden und jeder kann sich mit Eigeninitiative, Fleiß und Geschick ein kleines Stück eines unfassbar riesigen Kuchens sichern. Damit kann jeder finanziell frei sein und sich auf all die schönen Dinge im Leben konzentrieren ohne immer auf das Geld schauen zu müssen.

Passives Einkommen ist die Lösung. Geld verdienen, während du schläfst, mit Freunden unterwegs bist oder essen gehst. Du entkoppelst also deinen Verdienst von deiner Zeit und baust dir einen oder mehrere Einkommensströme auf, die dir unabhängig von deiner Zeit Geld einbringen. Mit einem skalierbaren System ist es innerhalb einiger weniger Monate möglich, ein zusätzliches passives Einkommen von 2000€ und mehr aufzubauen.

Ich präsentiere dir in diesem Buch eine der besten und einfachsten Möglichkeiten, durch das Internet ein passives Einkommen aufzubauen: der Verkauf von T-Shirts!
Ich habe mir selbst in wenigen Monaten ein zusätzliches passives Einkommen von 3000€ aufgebaut und viele

Menschen kennengelernt, die 10.000€ bis 100.000€ monatlich mit T-Shirts verdienen. Klingt auf den ersten Blick utopisch, ist aber realistisch und für JEDEN möglich!

Du kannst dieses Geschäftsmodell als Blödsinn abstempeln oder du liest weiter und überzeugst dich selbst, dass auch du mit etwas Fleiß und Eigeninitiative dein eigenes Business starten kannst.

Genial einfaches Geschäftsmodell

Es war noch nie einfacher, dein eigenes Business aufzubauen. Alles was du dafür brauchst, existiert schon. Die einzelnen Bausteine musst du nur zu einem funktionierenden System zusammenfügen.

Der Verkauf von T-Shirts ist extrem profitabel und in den USA gibt es unzählige digitale Goldgräber, die tausende Dollar im Monat verdienen. Einige sind zu Millionären geworden, andere verdienen 6-stellig im Jahr. Natürlich hat nicht jeder das Zeug und die Lust das große Geld mit solch einem Geschäftsmodell zu machen, aber ich kann dir versichern, dass es für jeden möglich ist, 1000€ und mehr im Monat zu verdienen. Selbst als blutiger Anfänger! Es ist schwerer Arzt oder Anwalt zu werden, als sich ein passives Einkommen im Internet aufzubauen.

Das T-Shirt Modell funktioniert folgendermaßen: du erstellst ein schönes Design für ein T-Shirt, lädst es bei einem T-Shirt Anbieter hoch und sorgst dann durch Social Media Marketing dafür, dass du deine T-Shirts verkaufst. Dabei hast du nichts mit Produktion, Logistik, Kundensupport, Zahlungsabwicklung, etc. zu tun. Prinzipiell kannst du selbst das Erstellen von Designs für wenige Euro komplett outsourcen.

Sobald jemand deine T-Shirts kauft, werden diese gedruckt und an den Kunden geliefert. Dein T-Shirt Anbieter übernimmt den ganzen Prozess von Produktion bis Auslieferung und bekommt dafür ebenfalls ein Stück vom Kuchen ab. Du musst lediglich zwei Hürden nehmen: die richtige Nische finden und deine Shirts über Facebook, Instagram und Co an den Mann/die Frau bringen.

Du brauchst kein/e:
- Kapital
- eigenes Produkt
- Lager
- eigene Webseite bzw. keinen Onlineshop
- Infrastruktur
- Studium, keine Ausbildung und kein technisches Fachwissen

Du brauchst lediglich:
- Internet
- einen Computer
- eine Nische
- ein gutes Design
- einen Vertriebskanal für deine Shirts

Du kannst also SOFORT starten und musst nicht erst in teure Software, Maschinen oder in eine langjährige und teure Ausbildung investieren.

Meine Erfahrungen bis jetzt

Mit dem Verkauf von T-Shirts kannst du dir ein leicht skalierbares passives Einkommen aufbauen. Ich habe schon viele Möglichkeiten ausprobiert und mehr oder weniger Erfolg gehabt. Anfangs habe ich eigene Nischenseiten aufgebaut und als Affiliate für bestimmte Produkte Werbung gemacht. Damit habe ich nach einem halben Jahr mehrere hundert Euro monatlich verdient. Nach einer Änderung des Suchalgorithmus von Google sind die meisten meiner Webseiten leider von den ersten Platzierungen verschwunden und es kam kaum noch Traffic auf die Seiten – meine Einnahmen sind eingebrochen. Ich habe viel Zeit und Energie in meine Nischenseiten gesteckt, doch es hat sich leider nicht gelohnt und ich musste erkennen, dass dies nicht das richtige Geschäftsmodell für mich ist.

Ich habe FBA (Fulfillment by Amazon) ausprobiert. Lange nach Nischen gesucht, letztlich eine gefunden und anschließend einen Produzenten in China gefunden. Dort habe ich dann mein eigenes Private Label Produkt bestellt und es bei Amazon in den Verkauf gestellt. Leider hat nicht alles so geklappt wie geplant und es gab Probleme mit der Qualität meiner Ware, mit dem Zoll und ich musste einige Auflagen erfüllen, bevor ich es verkaufen durfte. Das alles war sehr kostspielig (über 5000€) und ich bin gerade so mit einem kleinen Plus aus der Sache rausgegangen. FBA ist ein sehr gutes Geschäftsmodell, erfordert jedoch viel Fachwissen (gesetzliche Bestimmungen, Gesetze, Zoll, etc.) und Kapital. Letztendlich habe ich mich gegen dieses Geschäftsmodell entschieden, weil ich von zu vielen Faktoren abhängig war und physische Produkte immer einen gewissen Aufwand mit sich bringen.

Danach habe ich Webseiten für andere gebaut und dadurch gutes Geld nebenbei verdient. Doch auch da musste ich Zeit gegen Geld tauschen und war direkt abhängig von anderen Menschen. Kundenwünsche, Änderungen in letzter Minute und geplatzte Aufträge haben dafür gesorgt, dass ich mich erneut nach einem anderen Geschäftsmodell umgeschaut habe.

Eher zufällig bin ich auf das Geschäftsmodell mit den Shirts gestoßen. Ich habe mich schnell dazu entschlossen, dass dies das Richtige für mich ist. Denn ich habe nichts mit dem Produkt zu tun, ich muss mich nicht mit Kunden rumplagen und ich kann dieses System beliebig skalieren. Für 10€ habe ich mir das erste Design für mein T-Shirt anfertigen lassen und es bei einem T-Shirt Anbieter hochgeladen. Anschließend habe ich mir bei Facebook einige Seiten und Gruppen gesucht, die meiner Nische entsprachen und dort Werbung für meine Shirts gemacht. Natürlich habe ich nicht sofort tausende Euro damit verdient, sondern die ersten Gehversuche gemacht und für mich festgestellt: **es funktioniert**!

Die ersten Einnahmen habe ich direkt in weitere Designs gesteckt und mich gründlich mit sozialen Medien wie Facebook und Instagram beschäftigt. Schnell habe ich PPC Werbung für mich entdeckt und mir damit ein skalierbares System aufgebaut. Klingt jetzt alles einfach, doch hinter dem Erfolg stecken auch viel Arbeit und viele gescheiterte Versuche. Beispielsweise habe ich mir zu Beginn viel zu große Nischen ausgesucht, die eigentlich keine Nischen mehr waren. Zudem habe ich meine Designs falsch gewählt und einige wichtige Dinge nicht beachtet.

Ich machte leider viele Fehler, die ich hätte vermeiden können und die mich teilweise viel Geld gekostet haben. In diesem Buch findest du all die Dinge, auf die du achten musst. Dieses Geschäftsmodell bietet jedem die perfekte Möglichkeit, unternehmerisch aktiv zu werden und sich einen weiteren Einkommensstrom aufzubauen. Hunderte andere haben es bereits geschafft und auch du kannst es schaffen!

Schauen wir uns als nächstes das große WARUM an. Warum solltest du T-Shirts verkaufen?

Warum T-Shirts?

Warum bietet der Verkauf von T-Shirts eine der besten, wenn nicht sogar die beste Möglichkeit, sich ein passives Einkommen aufzubauen? Dein erster Gedanke wird sicherlich sein, wie soll ich mit großen Marken wie H&M, C&A oder Adidas konkurrieren? Diese großen Modeunternehmen können T-Shirts für wenige Cent im Ausland produzieren lassen und haben riesige Vertriebskanäle und hohe Gewinnmargen selbst dann, wenn sie ihre T-Shirts für wenige Euro verkaufen.

Die Antwort: gar nicht! Du wirst Unmengen an Geld verbrennen, wenn du versuchen würdest mit riesigen Herstellern und Marken zu konkurrieren. Das ist und wird auch nie unser Ziel sein.

Der Kuchen ist riesig!

Jedes Jahr werden über zwei Milliarden T-Shirts weltweit verkauft. Der Markt ist riesig und so ziemlich jeder Mensch in Deutschland wird mindestens ein T-Shirt besitzen (ich kenne niemanden, der kein T-Shirt hat!), wobei der Durchschnitt bei 30 T-Shirts pro Person liegt. Gehen wir davon aus, dass 80 Millionen Deutsche jedes Jahr ein T-Shirt kaufen. Wenn von diesen 80 Millionen Verkäufen „nur“ 0,0001% (= 8000 T-Shirts) auf dein Konto gehen und wir davon ausgehen, dass du 5€ Reingewinn pro Verkauf erzielst, so wären das in einem Jahr 40.000€ Reingewinn. 40.00€ ohne eine 40 Stunden Woche...

Diese Milchmädchenrechnung lässt sich schnell aufstellen und entspricht nicht zu hundert Prozent der Realität. Damit möchte ich dir nur verdeutlichen, dass du problemlos in diesen Markt einsteigen kannst und nur einige Nischen finden musst, in denen du T-Shirts verkaufen kannst. Es reicht nämlich vollkommen aus, ein kleines Stück von einem gewaltigen Kuchen für sich zu beanspruchen, um sich ein gutes passives Einkommen aufzubauen, als den ganzen Kuchen besitzen zu wollen.

Der Markt ist bereits vorhanden!
Jeder weiß was ein T-Shirt ist, jeder hat T-Shirts in seinem Kleiderschrank und fast jeder trägt täglich T-Shirts. Ein T-Shirt zu kaufen ist nichts, worüber wir lange nachdenken.
T-Shirt Käufe sind oft Impulskäufe. Wir sehen ein Hübsches und kaufen es. Niemand geht nach Hause und liest stundenlang Rezensionen oder vergleicht verschiedene Shirts miteinander. Der Markt ist riesig und es gehen tagtäglich so viele T-Shirts über die Ladentheken in Deutschland, dass du dir keine Sorgen machen musst, keine Abnehmer dafür zu finden. Einzige Ausnahme: es ist hässlich und zu teuer, dann wird es problematisch.

Die Infrastruktur steht bereits!
Hinter dem T-Shirt Business steckt eine ausgeklügelte Infrastruktur und die meisten Schritte übernimmt ein Dienstleister für dich. Erst wenn ein Shirt gekauft wird, setzt sich die ausgeklügelte Kette in Gang und dein Design wird auf ein Shirt gedruckt und an den Kunden verschickt. Alles was darüber hinaus dazugehört wie Zahlungsabwicklung und Kundensupport werden für dich übernommen. Wozu auch das Rad neu erfinden?

Vorteile im Detail

Bevor du dich für diese Art von Geschäft entscheidest, solltest du die einzelnen Vorteile detailliert wissen. Einige davon habe ich bereits oberflächlich angesprochen, es steckt jedoch mehr dahinter und jeder einzelne dieser Vorteile ist ein Grund dafür, mit dem T-Shirt Business zu starten!

Kein Kapital

Hast du dir schon mal angeschaut, wie viel Geld die verschiedenen Businessmodelle kosten? Ein Bekannter hat vor einiger Zeit seinen Lebenstraum erfüllt und sein eigenes Restaurant eröffnet. Das hat ihn knapp 500.000€ gekostet! Er musste also fast eine halbe Millionen Euro in Vorkasse gehen, ohne überhaupt zu wissen, ob er damit Erfolg haben wird. Ein anderer Bekannter hat ein eigenes Bauunternehmen. Er jongliert mit mehreren Millionen Euro, die er für verschiedene Baufahrzeuge, Baumaterialien, Personal und weitere Kostenfaktoren ausgibt. Nicht jedes Projekt lohnt sich am Ende und dennoch hat er wirklich hohe Investitionskosten.

Ein anderer guter Freund von mir hat eine eigene Internetseite, über die er eigene Produkte verkauft. Er kauft regelmäßig für mehrere zehntausend Euro Produkte ein und besitzt ein eigenes Lager mit Personal. Der Verkauf läuft weitgehend passiv und er muss nur dafür sorgen, dass alles läuft. Trotzdem kann ihm niemand garantieren, dass er auch in Zukunft seine Produkte erfolgreich an den Mann bringt.
Ein weiterer guter Freund hat versucht, mit Apps für das iPhone Geld zu verdienen. Da er nicht programmieren kann, beauftragte er Programmierer, die seine Ideen umsetzten. Pro App musste er 2500€ bis 5000€ investieren (Programmierung, Design, Marketing usw.).

Am Anfang lief es überhaupt nicht und er hat viel Geld verloren. Nach seiner fünften App wusste er dann, was er falsch gemacht hat und ab da lief es bei ihm. Du siehst also, es gibt zahlreiche Möglichkeiten Geld zu verdienen. Für viele dieser Möglichkeiten brauchst du viel Geld, um überhaupt starten zu können.

Bei T-Shirts kannst du ohne Kapital starten. Deine Designs kannst du selbst erstellen. Es muss nichts Aufwendiges sein, ein lustiger Spruch reicht bereits. Das Verkaufen über T-Shirt Anbieter kostet nichts bzw. behalten sie direkt einen gewissen Prozentsatz vom Verkauf ein. Auch das Marketing kannst du komplett kostenlos machen. Facebook und Instagram sind die beiden besten Möglichkeiten dafür und sie kosten nichts. Wenn es um Skalierbarkeit geht, ist es sinnvoll in Werbung und zusätzliche Designs zu investieren, aber es ist kein Muss. Ich habe mit 10€ angefangen, weil ich keinerlei Talent in Sachen Bildbearbeitung und darauf auch generell überhaupt keine Lust hatte. Meine ersten Verkäufe habe ich dann durch kostenloses Facebook Marketing erzielt.

Kein eigenes Produkt

Wozu etwas Neues erfinden, wenn es bereits ein Produkt gibt das jeder hat und braucht? Die Entwicklung eines Produkts kostet normalerweise viel Geld und es gibt keinerlei Garantie, dass es gut ankommt. Einst wurde mir eine passende Geschichte von zwei Ingenieuren erzählt, die ebenfalls an meiner Uni studiert haben. Die beiden haben ein hochkomplexes Produkt in jahrelanger Arbeit entwickelt, welches niemand kaufen wollte. Sie haben es an dem Bedarf und an den Kundenwünschen „vorbei entwickelt". Am Ende stellte sich dann doch heraus, dass lediglich eine kleine

Komponente des Produkts sehr gefragt war und sie hatten schließlich damit doch Erfolg.

T-Shirts gibt es, T-Shirts braucht jeder, T-Shirts kauft auch jeder. Das Produkt ist vorhanden, du musst dir nur noch verschiedene Variationen einfallen lassen und umsetzen. Ein Design für ein T-Shirt kostet nichts bis einige wenige Euro.

Print on Demand

Wie du bereits weißt, werden deine T-Shirts erst hergestellt, wenn sie auch gekauft werden. Autoren kennen folgendes Problem leider viel zu gut. Sie schreiben ein Buch und müssen anschließend selbst 100 oder 1000 Stück kaufen, damit es vom Verlag gedruckt wird. Oft bleiben die Autoren dann auf ihren Exemplaren sitzen und werden sie nicht los. Schade um die Bücher und schade um das Geld!

Müsstest du erst 100 oder 1000 T-Shirts mit deinem eigenen Design kaufen, dann würde ich dir von diesem Geschäftsmodell definitiv abraten. Erfahrungsgemäß dauert es einige Zeit, bis man den Dreh raus hat und den richtigen Riecher für gutlaufende Designs entwickelt. Da du nicht in Vorkasse gehen musst, entsteht für dich auch kein Risiko auf deinen T-Shirts sitzen zu bleiben. Falls du keine oder nur sehr wenige verkaufst, dann werden einfach keine/sehr wenige gedruckt.

Keine Logistik

Logistik ist einer der zeit- und kostenintensivsten Faktoren. Eine effiziente Logistik ist sehr wichtig für den maximalen Profit. Schlecht geplante Logistik bereitet viele Probleme, kostet viel Zeit und Geld. Aus meiner FBA Erfahrung weiß ich, wie nervig dieser Bereich sein kann. Man muss dafür sorgen, dass alles rechtzeitig ankommt und dass die Ware nicht beschädigt wird. Ohne eigenes Lager musste ich meine Produkte in meiner Wohnung lagern – bei mehreren tausend Stück und einer kleinen Wohnung wurde es sehr schnell sehr eng. Anfangs musste ich jedes einzelne Produkt mit meinen EAN Codes etikettieren und neu verpacken. Es hat absolut keinen Spaß gemacht und ich bin froh, dass ich jetzt mit den T-Shirts mit der Logistik nichts mehr zu tun habe.

Schließlich musst du dich weder um die Beschaffung des Rohmaterials, also der unbedruckten Shirts, kümmern, noch um die Verpackung und den Versand. T-Shirt Anbieter übernehmen, wie bereits erwähnt, die gesamte Logistik für dich und das ist auch gut so!

Kein Kundensupport

Wenn die Möglichkeit besteht, Kundenkontakt zu vermeiden, dann würde ich diese auch nutzen. Die Beantwortung von Fragen oder das Klären von nicht erhaltenen Paketen ist sehr nervenaufreibend und kostet viel Zeit. Der Freund mit den eigenen Produkten, von dem ich bei **Keine Kosten** erzählte habe, musste täglich zwei Stunden mit der Beantwortung von Kundenanfragen verbringen. Da es ihn daran gehindert hat, seinem Kerngeschäft nachzugehen, hat er letztendlich jemanden für den Kundensupport eingestellt.

Die T-Shirt Anbieter sind heutzutage Allrounder und haben eigenes Personal für den Kundensupport. So müssen wir uns davon nicht ablenken lassen und können unseren Fokus weiterhin darauf richten profitable Nischen und Designs zu finden.

Keine Zahlungsabwicklung
Auch dieser Teil wird vom T-Shirt Anbieter übernommen. Du musst nicht dafür sorgen, dass deine Kunden bezahlen. Du erhältst deinen Profit von jedem einzelnen Verkauf direkt von dem Anbieter und musst dich nicht mit verspäteten oder fehlenden Zahlungen rumschlagen. Deine Kunden profitieren ebenfalls davon, da sie einem etablierten und vertrauensvollen Unternehmen ihr Geld anvertrauen und nicht irgendeinem „dubiosen" Kleinunternehmen und gar einer Privatperson. Deine Kunden gehen nicht das oft vermutete Risiko ein, Geld zu bezahlen aber keine Ware zu erhalten. Im Umkehrschluss gehst auch du nicht das Risiko ein, Ware zu verschicken und anschließend kein Geld dafür zu erhalten.

Kein eigener Shop
Ein weiterer Vorteil, der für das T-Shirt Business spricht ist, dass du keinen eigenen Onlineshop und keine eigene Internetseite brauchst. Entweder baust du dir direkt beim T-Shirt Anbieter einen eigenen kleinen Shop oder du verkaufst deine T-Shirts direkt über die Seite des Anbieters. Beide Möglichkeiten sind unkompliziert und einfach.

Einen eigenen Shop aufzusetzen kostet viel Zeit und Geld. Zudem erfordert es ein gewisses technisches Knowhow. Für einen Anfänger kann solch ein Unterfangen schnell zu einem großen Problem werden. Bei einem geeigneten Anbieter ist bereits alles fertig und du musst dich nicht mit diesem Thema beschäftigen.

Fast alles lässt sich outsourcen
Mit der größte Vorteil ist, dass du nahezu alles outsourcen kannst. Deine Unternehmung kann einfach schneller wachsen, wenn du Menschen für dich arbeiten

lässt, die in dem jeweiligen Bereich besser sind als du. Beispielsweise habe ich persönlich kein Talent darin Designs zu erstellen. Also habe ich mir mehrere Designer gesucht, die mir hübsche Designs für wenig Geld erstellen. Das erspart mir viel Zeit und ich kann mich auf mein Kerngeschäft fokussieren. Durch das Outsourcen von Tätigkeiten kannst du dir viele Freiheiten verschaffen und bindest deine Arbeitskraft nicht an deine Zeit.

Man siehe: Entweder mache ich mir die Mühe und erstelle mein eigenes Design in zwei Stunden, oder ich bezahle meinem Designer 10€, damit er das Design schnell erstellt. Das erspart mir zwei Stunden oder mehr und ich kann diese Zeit für Marketing nutzen und damit effektiv mein Einkommen steigern.

Skalierbarkeit

In meinen Augen ist die Skalierbarkeit der wichtigste Aspekt für jedes Businessmodell. Ein Anwalt kann sein Geschäft nicht skalieren. Er tauscht immer seine Zeit gegen sein Geld und somit ist es ist nicht möglich das Ganze zu skalieren. Ein Anwalt kann also nur so viel Geld verdienen, wie er Mandanten betreut/vertritt. Genauso ist es bei einem Arzt. Nur wenn dieser Patienten versorgt, verdient er auch Geld. Beide Professionen lassen sich sehr gut pro Stunde bezahlen, ein passives Einkommen lässt sich damit jedoch nur schwer aufbauen.

Bei unseren T-Shirts sieht es ganz anders aus. Wenn du ein sehr gut laufendes Design hast, kannst du einfach mehr Werbung schalten und damit mehr Menschen erreichen. Dadurch erzielst du dann mehr Verkäufe und verdienst mehr Geld. Du kannst 0€ täglich für Werbung ausgeben, du kannst aber auch 10€ oder 1000€ täglich für Werbung ausgeben. Je mehr du in Werbung investierst, desto mehr Verkäufe erzielst du generell auch. Du kannst jedes Design selbst erstellen oder du engagierst zehn Designer, die dir insgesamt zehn Designs erstellen. Anstatt einem T-Shirt verkaufst du dann eventuell sogar zehn T-Shirts. Das gesamte Geschäftsmodell lässt sich also ohne Weiteres skalieren und somit kann man auch seinen Verdienst erheblich.

Deine Aufgaben

Spätestens jetzt solltest du schon überzeugt sein, dass der Verkauf von eigenen T-Shirts sehr lukrativ ist. Wir haben geklärt, mit welchen Tätigkeiten du dich nicht befassen musst, weil sie von deinem Geschäftspartner (=T-Shirt Anbieter) übernommen werden. Schauen wir uns jetzt einen Überblick mit den Tätigkeiten an, die du übernehmen musst.

Profitable Nische finden

Zuerst musst du eine Nische finden. Wie du bereits weißt ist der T-Shirt Markt riesig und es werden über 2 Milliarden T-Shirts pro Jahr verkauft. Es sind also unzählige Nischen vorhanden. Anfangs ist es allerdings nicht so einfach eine Nische zu identifizieren. Es braucht Übung und Erfahrung. Aus eigener Erfahrung kann ich sagen: mit der Zeit wirst du so viele Nischen finden, dass du mit den Designs gar nicht mehr hinterher kommst! Im nächsten Kapitel beschäftigen wir uns nochmal ausführlich mit der Nischenfindung.

Design erstellen (lassen)

Wenn du eine Nische gefunden hast, musst du ein gutes Design erstellen bzw. erstellen lassen. Letztlich entscheidet dein Design, ob dein T-Shirt gekauft wird. Es gibt einige wichtige Punkte, auf die du unbedingt achten solltest.

Verkaufspsychologie

Mit simplen Tricks kannst du deine Verkäufe mächtig ankurbeln. Du wirst lernen, worauf du bei der Beschreibung achten solltest und wie du beispielsweise Engpässe simulierst. Deine Ware ist wertlos, wenn du sie nicht verkaufen kannst!

Marketing

Zum Schluss werden wir uns ausführlich mit verschiedenen Vertriebskanälen und mit PPC (Pay Per Click)Werbung über Facebook beschäftigen. Facebook ist eines der mächtigsten Werkzeuge, um schnell viele Menschen zu erreichen und somit viele T-Shirts zu verkaufen. Instagram Marketing schauen wir uns ebenfalls an.

Wenn du diese vier Punkte beherrscht, steht deinem passiven Einkommen nichts mehr im Wege. Aber sei gewarnt: ein Großteil deines Erfolges kommt von learning by doing. Erst wenn du das im Buch beschriebene auch anfängst umzusetzen kommst du weiter. Die Theorie alleine bringt dir noch lange kein Geld!

Profitable Nische finden

Du kannst das beste Design haben und die beste Werbestrategie, ohne die richtige Nische wirst du dennoch kaum Erfolg haben. Ich habe schon viele gesehen, die sich Fitness als Nische ausgesucht haben und dann feststellen musste, dass die Konkurrenz viel zu groß ist. Denn Fitness ist keine Nische! Allerdings findest du unter Fitness etliche Nischen.

Eine Marktnische ist ein kleiner Ausschnitt aus dem Gesamtmarkt, wo kaum bis keine Konkurrenz herrscht. Entweder hat noch niemand das Potential der Nische erkannt oder sie ist so klein, dass es sich finanziell nicht lohnt. Durch die Spezialisierung auf ein bestimmtes Marktsegment bzw. auf eine bestimmte Zielgruppe, kannst du in der jeweiligen Nische eine Monopolstellung erreichen. Durch diese Monopolstellung schaffst du dir einen erheblichen Wettbewerbsvorteil und kannst sehr viel Profit aus einer kleinen Nische rausholen.

Du hast keine bekannte Marke, keinen besonderen Stoff und keinen neuen Schnitt. Die einzige Möglichkeit für dich besteht nun darin, dass du dich durch besondere Designs in einzelnen Marktsegmenten breitmachst. Du wirst niemals mit riesigen Modelabels konkurrieren können. Diese versuchen den Geschmack der Masse zu treffen und haben in der Regel Erfolg mit dieser Strategie. Selten wirst du ein T-Shirt für Hochseefischer, Tischler oder Maschinenbaustudenten bei H&M oder Primark finden. Für unser Vorhaben ist das sehr gut, denn so bleiben für uns sehr viele Nischen übrig, in denen kaum Konkurrenz herrscht, jedoch sehr wohl ein Bedarf besteht.

Wie sieht eine Nische aus?

Jetzt stellt sich die Frage, wie eine Nische genau aussieht. Fitness ist keine Nische, es ist eine Überkategorie. Unter Fitness lassen sich jedoch zahlreiche Nischen finden. Beispielsweise Folgende: **Fitness -> Muskelaufbau -> Bodybuilding -> veganes Natural Bodybuilding**.

Oder **Studium -> Ingenieurswissenschaften -> Maschinenbau -> Klausurphase -> Verzweiflung**.

Es ist extrem wichtig, dass deine Kunden einen emotionalen Bezug zu deiner Nische aufbauen können. Ein Maschinenbaustudent macht eine Pause vom Lernen und sieht dein T-Shirt mit dem Spruch **„Eat. Sleep. Study. Repeat“**. Er befindet sich gerade in der Klausurphase und seine Tage bestehen nur aus schlafen, essen und lernen – er kann sich mit dem T-Shirt identifizieren und es weckt direkt Emotionen in ihm. Ein Impulskauf deines T-Shirts, aufgrund in ihm geweckter Emotionen, ist in solch einem Fall nicht unwahrscheinlich.

Ein veganer Bodybuilder sieht dein T-Shirt mit dem Spruch **„Keep calm plants have protein“** (bleib ruhig, Pflanzen haben auch Proteine) und kann sich sofort damit identifizieren. Da das T-Shirt Emotionen in ihm weckt, wird er es eher kaufen als wenn es mit seiner Person an sich nichts zu tun hat.

In beiden Fällen wären die Personen durchaus auch bereit 20€ oder 30€ für ein T-Shirt auszugeben. Je stärker die ausgelöste Emotion, desto eher wird dein T-Shirt gekauft und desto eher sind die potenziellen Kunden auch bereit mehr für das T-Shirt auszugeben. Dieser Grundsatz ist für jede Nische anwendbar und du solltest immer daran denken, wenn du ein neues Design erstellst!

Nischen finden

Wie findest du Nischen? Anfänger tun sich oft sehr schwer damit, eine Nische zu finden. Ihnen fehlen die Erfahrung und die richtige Herangehensweise. Mit der Zeit wirst du jedoch sehr schnell profitable Nischen identifizieren können.

Brainstorming

Die wohl bekannteste Methode, um Ideen zu finden, ist das Brainstorming. Du setzt dich mit einem Blatt Papier hin und schreibst alles nieder, was dir einfällt. In deiner näheren Umgebung, in deinem Alltag und bei deinen Freizeitaktivitäten lassen sich schnell Inspirationen für Nischen finden. In meinem Büro hängen einige Motivationsposter zum Thema Unternehmertum – das war eine meiner ersten Nischen. Ich hatte angehende Entrepreneure und Sidepreneure als Zielgruppe und konnte tatsächlich recht viele T-Shirts verkaufen. Ein angehender Unternehmer zeigt schließlich nach Außen gerne, dass er ein Startup gegründet hat.

Ich bin mir sicher du wirst die ersten 10 bis 20 potentielle Nischen in deinem Umfeld ausmachen können.

Von anderen inspirieren lassen

Sich von anderen inspirieren lassen und schauen, was bei anderen gut läuft. Diese gängige Methode benutze ich auch sehr oft um neue Ideen für Nischen und Designs zu finden. Wozu das Rad neu erfinden, wenn man es modifizieren und verbessern kann?
Du kannst auf Seiten wie Teespring.com, Teezily.com oder spreadshirt.de schauen was angesagt ist und was

andere Designer verkaufen. So habe ich vor einiger Zeit gesehen, dass Einhörner sehr im Trend liegen. Also habe ich ein Design mit einem Einhorn und einem lustigen Spruch erstellen lassen und eine erfolgreiche Kampagne gestartet. Du kannst auch bei Facebook sogenannten Mastermind Gruppen beitreten und dich von anderen Designern inspirieren lassen und dich mit ihnen austauschen. Dabei möchte ich anmerken, dass die Mehrheit der Gruppen englischsprachig ist, da dieses Geschäftsmodell in Deutschland noch recht unbekannt ist.

Der Blick übers Meer

Wie so oft sind uns die Amerikaner einige Monate voraus. Gleiches gilt für Trends, somit auch für gut laufende Nischen, Sprüche und Designs. Es lohnt sich also, bei Amazon.com zu schauen und sich über das sogenannte Merch by Amazon (MBA) Programm zu informieren. Dabei übernimmt Amazon die Rolle des T-Shirt Anbieters. In Deutschland bietet Amazon uns diese Möglichkeit leider noch nicht.

Jedenfalls gibt es im englischsprachigen Raum viele Informationen und viele Beispiele zum Thema T-Shirts verkaufen. Beispielsweise ist in den USA die Serie Rick & Morty sehr beliebt und bietet zahlreiche Möglichkeiten für viele coole und vor allem profitable T-Shirts. Mittlerweile gibt es auch in Deutschland zahlreiche Rick & Morty T-Shirts. Wer sich zuerst in solch einer Nische breit macht, hat gute Chancen einen gewissen Bekanntheitsgrad zu erlangen und dadurch eine Monopolstellung zu erlangen. Schnell sein lohnt sich also!

Offline Möglichkeiten

Ein Bekannter von mir fertigt T-Shirts und Hoodies für Schulen und Sportvereine bei sich in der Umgebung an. Die meisten Schulen haben Maskottchen oder Slogans/Sprüche und verkaufen Schulintern ihre Pullover/T-Shirts. Daher bietet sich die Möglichkeit, auf den Verantwortlichen (meistens den Schulleiter) zuzugehen und mit ihm eine Vereinbarung zu treffen. Oft reicht es aus, der Schule Arbeit abzunehmen und ihnen einen besseren Preis anzubieten. Der besagte Bekannte hat so alle Schulen bei sich in der Umgebung, nur über den Kostenfaktor und die Zeitersparnis, geködert.

Große Ereignisse wie der G20 Gipfel in Hamburg oder das Tomorrowland (oder jedes andere Konzert/Festival) bieten ebenfalls eine sehr gute Möglichkeit, schnell viele T-Shirts zu verkaufen. Die Zielgruppe kann einfach über Facebook erreicht werden und Menschen ziehen gerne ein T-Shirt an, welches etwas mit ihrem besuchten Festival/Konzert zu tun hat oder ihre Meinung/Position besser Ausdruck verleihen kann (G20 Gegner zum Beispiel).

Jedes größere anstehende Ereignis kann eine profitable Möglichkeit bieten. Jedoch musst du besonders schnell sein und Faktoren wie Lieferzeit und Produktionszeit mit einkalkulieren.

Fazit

Nischen wirst du haufenweise finden, du musst lediglich lernen, wie und wo du suchen musst. Die oben genannten Möglichkeiten sind sehr einfach umzusetzen und du wirst sehr schnell coole Ideen und Nischen finden. Besonders einfach ist das Übersetzen und Verändern von Designs, die gut in den USA laufen.

Dein Design entscheidet

Dein Design ist die wichtigste Komponente überhaupt. Wenn du es schaffst, Emotionen zu wecken und mit einem hochwertigen bzw. lustigen/kreativen Motiv oder Spruch überzeugen kannst, dann werden deine T-Shirts gekauft.

Deine potentiellen Kunden entscheiden in wenigen Sekunden, ob ihnen dein T-Shirt gefällt oder nicht. Die meisten Käufe sind, wie schon gesagt, Impulskäufe. Überzeugt dein Design auf den ersten Blick und löst sofort Emotionen aus, hast du gute Chancen. Ich sehe immer wieder langweilige und schlechte Designs. Die Verkäufer wundern sich, wieso niemand ihre T-Shirts kauft und wieso ihr Marketing nicht funktioniert.

Spricht mich beispielsweise ein Buchcover nicht sofort an, dann nehme ich das Buch gar nicht erst in die Hand bzw. klicke nicht darauf. Egal wie gut der Inhalt ist, das Cover muss den Inhalt zunächst verkaufen. Selbst wenn das Buch die spannendste Geschichte der Welt hat, wird es kaum eine Chance haben ein Bestseller zu werden. Wenn dein T-Shirt Design mich auf den ersten Blick nicht überzeugt, dann werde ich mir deinen Beitrag bei Facebook gar nicht erst durchlesen und geschweige denn auf deine Werbung klicken.

Worauf musst du achten?

Wecke Emotionen. Wenn dein Kunde T-Shirt sieht und sofort denkt „muss ich haben!“ dann wird er auch 20€ bis 30€ für dein T-Shirt ausgeben. Der Maschinenbaustudent wird sich dein T-Shirt kaufen, wenn er sich verstanden fühlt und seinen Lernfrust durch ein cooles Design zeigen kann.

Schaffe ein Zugehörigkeitsgefühl. Es gibt nicht viele vegane Natural Bodybuilder und oft bilden sie Gruppen, die sich zusammenschließen und austauschen. Ein Design, welches dem Kunden das Gefühl gibt, zu einer kleinen exklusiven Gruppe dazu zu gehören, kann schnell einen Kaufimpuls auslösen.

Befriedige das Mitteilungsbedürfnis. Deine potentielle Kunden sind veganer oder betreiben Crossfit? Fantastisch! Dann sollen sie es die ganze Welt mit deinem Design wissen lassen! Viele Menschen sind stolz darauf, vegan zu leben, eine bestimmte Sportart zu betreiben oder sich mit Bitcoins auszukennen.

Löse zwischenmenschliche Reaktionen aus. Ich habe neulich auf einer Konferenz mehrere Leute mit einem T-Shirt gesehen, wo „Sprich mich an!" drauf stand. Siehe da: wegen ihrer T-Shirts wurden sie tatsächlich sehr oft angesprochen. Simple Sprüche wie „Ich bin Single, spendiere mir einen Drink!" eigenen sich gut für Singles, die oft feiern gehen und mithilfe des T-Shirts einfacher mit potentiellen Partnern in Kontakt kommen wollen.

Insider. Mathematische Witze, die nur Mathematiker oder matheaffine Menschen verstehen eigenen sich als Design genauso gut wie der Running Gag einer Serie. Menschen die diese Serie gesehen haben, werden das Design verstehen, andere vermutlich nur bedingt. Je beliebter eine Serie, desto größer ist automatisch auch die Kaufgruppe.

Berufsgruppen. Polizisten, Feuerwehrmänner, Ärzte oder Lehrer sind oftmals Stolz auf ihren Beruf und tragen gerne ein T-Shirt mit einem lustigen oder coolen Spruch über ihren beruflichen Alltag oder allgemein ihren Beruf. Solche T-Shirts wecken Emotionen, schaffen ein Zugehörigkeitsgefühl und befriedigen ein Mitteilungsbedürfnis. Gleiches gilt für Hobbys, Leidenschaften, Bands, Musiker, Sportler, Schauspieler, Filme, Superhelden, und so weiter. Alles, was damit in Zusammenhang steht kann sehr erfolgreich werden. Du hast die Qual der Wahl.

Verletze keine Gesetze/Rechte

Häufig sehe ich Designs, die andere einfach kopieren oder Markenrechte verletzen. Du kannst nicht einfach ein Star Wars T-Shirt verkaufen oder das Adidas Logo verwenden, ohne entsprechende Lizenzen zu besitzen. Du kannst auch nicht einfach ein Bild von Google Bilder nehmen und es für dein Design verwenden. Bilder sind auch urheberrechtlich geschützt und es muss geklärt werden, wie und wo die Bilder verwendet werden dürfen.

Natürlich kannst du andere Designs und Bilder als Inspiration nutzen, jedoch solltest du immer deine eigenen Designs erstellen lassen und nichts kopieren. Von Abmahnungen bis zu hohen Strafzahlungen, aufgrund von Urheberrechtsverletzung oder der Verletzung von Markenrechten, kann juristisch einiges auf dich zukommen! Anstatt das schnelle Geld zu sehen solltest du dein Business auf Langlebigkeit ausrichten und dementsprechend auch rechtlich keine unnötigen Fehler machen.

Inspirationsquellen

Bei Amazon.com findest du viele gute Designs, bei Amazon.de ebenfalls. Der große Vorteil am amerikanischen Amazon ist allerdings, dass dort das Merch by Amazon Programm bereits läuft und die Designer ihre T-Shirts über Amazon vertreiben können. Dementsprechend gibt es dort mittlerweile viele erfolgreiche T-Shirt Verkäufer. Ansonsten findest du bei Pinterest viele coole Sprüche, Bilder und Designs zur Inspiration. Je nach Nische findest du schnell gute Sprüche und Grafiken. Ich persönlich würde dir empfehlen auf Englisch zu recherchieren.

Der englische Markt ist größer und es gibt mehr englischsprachige Menschen auf der Welt. Dementsprechend gibt es mehr Material im Internet zu fast jeder Nische. Wenn du dir beispielsweise als Nische „**Erfolg und Motivation**“ ausgeguckt hast, findest du unter „**success**“ und „**entrepreneurship**“ deutlich mehr Motive und Sprüche von denen du dich inspirieren lassen kannst, als wenn du nach der deutschen Bedeutung suchst.

Bei Google Bilder findest du ebenfalls sehr viele Designs, Motive, Fotos und Sprüche. Einfach nach deiner Nische in Kombination mit T-Shirt Design/Quote/Zitat/Wallpaper suchen. Verwende auf keinen Fall Bilder, deren Lizenz du nicht hast!

Schnell und einfach selbst Designs erstellen

Entweder bist du grafisch begabt bzw. hast die notwendigen Fähigkeiten um mit Photoshop und Co umzugehen oder du bastelst dir deine Designs aus bereits fertigen Komponenten zusammen.

Auf Seiten wie fotolia.com oder shutterstock.com findest du Millionen Fotos und Bilder. Du kannst dir dort die Lizenz für ein Bild kaufen und es dann für dein T-Shirt Design verwenden. Beispielsweise kannst du dir die Lizenz von einer Illustration von einer Rakete kaufen. Anschließend kombinierst du die Illustration mit einem Spruch mithilfe von Photoshop und fertig ist dein Design.

Der Vorteil ist, dass du mit wenigen Kenntnissen schnell ein hochwertiges Design erstellen kannst. Der Nachteil sind die enormen Kosten für die Lizenzen. Für eine kommerzielle Nutzung auf Textilien musst du z.B. bei Fotolia die erweiterte Lizenz erwerben und das geht ins Geld. Als Alternative bieten sich Seiten an wie pixabay.com. Dort findest du lizenzfreie Bilder, die frei verwendbar sind – selbst für kommerzielle Zwecke. Allerdings ist die Auswahl sehr gering und die Bilder auf solchen Seiten sind meistens nicht zu gebrauchen, jedenfalls nicht für T-Shirts.

Mein Rat an dich: wenn du Lust hast und Talent besitzt, dann tobe dich aus mit Programmen wie Photoshop oder Adobe Illustrator. Glücklicherweise besitze ich beide Programme und manchmal bastle ich mir schnell ein simples Design zurecht. T-Shirt Designs, die nur Text enthalten, kannst du ohne viel Aufwand und ohne Kosten selbst erstellen. Wenn du jedoch keine Lust dazu hast oder es noch nie gemacht hast und deswegen nicht kannst, dann rate ich dir, diesen Prozess an professionelle Designer abzugeben. Für sehr wenig Geld bekommst du hochwertige und einzigartige Designs.

Designs outsourcen

Normalerweise kosten gute Designer mehrere hundert bis tausend Euro. Sie lassen sich ihre Arbeit gut bezahlen. Glücklicherweise gibt es das Internet und wir können mühelos Designer aus der ganzen Welt beauftragen. In Europa und in Nordamerika sind hohe Gehälter der Regelfall. In anderen Ländern der Welt sind 5€ bzw. 5$ viel Geld und können oft eine ganze Familie für mehrere Tage ernähren. Für uns ist das wenig Geld, für Menschen in Schwellenländern und Dritte Welt Ländern dagegen sehr viel Geld. Das ist auch der Grund, weshalb wir talentierte Designer auf Seiten wie Fiverr.com finden können und für deren Designs nur kleines Geld ausgeben müssen.

Bei Fiverr.com bekommst du für 5€ bis 10€ gute und hochwertige Designs. Aus eigener Erfahrung kann ich dir sagen: du bekommst in der Regel die Qualität für die du bezahlst. Die meisten Designer bei Fiverr.com liefern eine schlechte Qualität ab. Wenn du nur 5€ bezahlst, beschäftigt sich der Designer in der Regel nur 15 bis 30 Minuten mit deinem Projekt und wird nicht von Grund auf etwas komplett Neues designen, sondern bereits gekaufte Stockfotos (z.B. von Fotolia.com) verwenden oder bereits fertige Designs abändern.

Mit diesem Designer (goo.gl/EqwM7X) arbeite ich oft zusammen und zahle ihm 5€ bis 10€ für ein lustiges Design. Ich habe schon viele bei Fiverr ausprobiert und joebrise ist meiner Meinung nach einer der Besten. Aktuell zahle ich im Schnitt 30€ für ein gutes und aufwendigeres Design – ich bin mir aber auch immer zu 90% sicher, dass ich die Investition schnell wieder drin haben werde und sich das T-Shirt Design gut verkaufen wird. Natürlich hatte auch ich schon viele T-Shirts, die überhaupt nicht ankamen, dieses Risiko besteht immer.

Mein Tipp an dich im Umgang mit Fiverr: arbeite mit **Level 2 Sellern** zusammen. Diese erkennst du an einer lilanen Medaille bei ihrem Profilbild. Diese Designer haben nicht zu viele Aufträge, sodass sie in der Regel selbst an dem Design arbeiten und eine hohe Qualität abliefern. Von **Top Rated Sellern** würde ich abraten. Sie haben viele Aufträge und oft sind es ganze Teams, die so schnell wie möglich so viele Aufträge wie möglich abarbeiten wollen. Darunter leidet die Qualität und deine Anweisungen werden oft überflogen und falsch ausgeführt. So schrieb ich neulich einem Designer, er soll mir ein motivierendes Design für einen guten Start in den Morgen anfertigen. Dabei sollte er auf gar keinen Fall eine Kaffeetasse oder irgendetwas benutzen, was mit Kaffee zu tun hat. Als ich das fertige Design bekam staunte ich nicht schlecht: natürlich zierte eine Kaffeetasse das T-Shirt. Dieser Top Rated Seller hat meine Anweisung offensichtlich nur überflogen und die mitgeschickten Beispielfotos ignoriert...

Teste viele verschiedene Designer! So kannst du schnell ein bis zwei wirklich gute finden und langfristig mit ihnen zusammenarbeiten. Weiter oben habe ich dir einen meiner Designer gezeigt. Ich habe ihm schon mehrere hundert Euro für sehr schöne Designs bezahlt und es hat sich immer gelohnt. Jedoch musste ich zuvor über 20 andere Designer ausprobieren bis ich zum Glück joebrise gefunden habe.

Es ist ratsam vorher abzuklären, ob dein Design überhaupt umgesetzt werden kann und wie viel es genau kostet. Je aufwendiger dein Wunsch, desto teurer wird es. Schreibe vorher mit deinen potentiellen Designern und kläre alle wichtigen Fragen, bevor du einen Auftrag erteilst. Schicke eine detaillierte Beschreibung deines Designwunsches – am Besten fertigst du eine Skizze an und schickst weitere Beispielbilder mit anhand derer der Designer den Stil erkennen kann, den du gerne hättest.

Je ausführlicher deine Beschreibung, desto besser kann diese auch umgesetzt werden. Viele beschweren sich über ein schlechtes Design, dabei geben sie dem Designer Informationen wie „grüne Schrift, lustiger Spruch über Katzen". Das ist absolut nicht hilfreich und kann gar nicht erfolgreich von dem Designer umgesetzt werden. Kommunikation ist bei Fiverr extrem wichtig! Erkläre Schritt für Schritt, in einfachem Englisch, wie dein T-Shirt aussehen soll.

Zusammengefasst:

- Eine ausführliche Beschreibung in leichtem Englisch anfertigen. Die meisten Designer bei Fiverr kommen aus Ländern wie Indien, Pakistan, Iran, Afghanistan, können in der Regel also nicht allzu gut Englisch. Viele kommen auch aus den USA oder UK, diese sind in der Regel jedoch teurer.
- Bilder von Beispielen mitschicken, eine Skizze anfertigen und ebenfalls mitschicken.
- Exakt auf die Grammatik achten, wenn du einen Spruch oder ähnliches auf Deutsch haben möchtest. Kaum ein Designer bei Fiverr ist der deutschen Sprache mächtig.
- Normalerweise wissen die Designer direkt Bescheid, welches Format und welche Größe du benötigst. Am Besten trotzdem erwähnen nur um sicher zu gehen.

Was verkauft sich gut?

Schwarze T-Shirts mit weißer Schrift verkaufen sich prinzipiell am Besten. Du brauchst kein ausgefallenes und aufwendiges Design erstellen zu lassen, ein einfacher Spruch der lustig ist, Emotionen weckt oder das Mitteilungsbedürfnis des Trägers erfüllt reicht in der Regel. Frauen kaufen häufiger Kleidung und damit auch T-Shirts im Internet. Daher bietet es sich an, Frauen als Zielgruppe für deine Shirts zu nehmen.

Wenn du dir die aktuellen Bestseller auf Spreadshirt.com anschaust, wirst du feststellen, dass viele sehr einfache Motive haben oder ein einfaches weißes Design auf einem schwarzen T-Shirts sind. Schaust du dir hier die 100 Most iconic T-Shirts of all time (goo.gl/HaaiWL) an wirst du ebenfalls sehen, dass viele Designs sehr simpel und dennoch lustig und pfiffig sind. Unter den 100 T-Shirts wirst du auch viele bekannte Designs aus Filmen und Comics finden oder andere rechtlich geschützte Designs. Das ändert nichts an der Tatsache, dass oft ein cleverer Spruch ausreicht um viele Verkäufe zu erzielen.

Vertriebskanäle

Bevor du deine T-Shirts verkaufen kannst, musst du dich für einen oder mehrere Vertriebskanäle entscheiden. Jeder hat seine Vor- und Nachteile und jeder muss für sich entscheiden, mit welchem er zurecht kommt.

Offline Marketing

Ich erwähnte bereits, dass ein Bekannter T-Shirt für Schulen bei ihm in der Umgebung anfertigt. Wenn du die Augen offen hältst, wirst du viele Möglichkeiten entdecken, auch offline T-Shirts zu verkaufen. Du kannst mit den Verantwortlichen einen Deal aushandeln und ein Design nach ihren Wünschen anfertigen lassen. Dieses lädst du dann bei deinem T-Shirt Anbieter hoch und kaufst einfach die gewünschte Menge in den gewünschten Größen bei dir selbst. Hier einige Beispiele für offline Marketing:

- **Schulen.** Viele Schulen haben ein bestimmtes Logo oder sogar ein Maskottchen und jedes Jahr werden hunderte neue Schüler pro Schule eingeschult (je nach Größe der Schule). In meinem Umfeld hat so ziemlich jedes Schulkind ein T-Shirt oder Hoodie seiner Schule.
- **Fitnessstudios/Gyms.** Bei kleinen Fitnessstudios könntest du T-Shirts für die Mitarbeiter und Mitglieder anfertigen. Große Ketten haben in der Regel bereits jemanden, der für sie T-Shirts produziert. Aber auch hier wer nicht wagt, der nicht gewinnt- vielleicht ziehst du ja DEN Deal an Land.
- **Kampfschulen/Sportvereine.** Ich habe mir selbst jahrelang die T-Shirts meiner Kampfschule gekauft. Als ich dann mit dem T-Shirt Business anfing, habe ich den Verantwortlichen gefragt woher die T-Shirts denn kommen: er macht sie

selber über Teespring.com. Er hat damit nicht das große Geld gemacht, aber sein Einkommen konnte er dadurch jeden Monat etwas aufbessern. Viele Sportvereine haben hauseigene T-Shirts (nicht mit Trikots zu verwechseln!) und Hoodies für die Mitglieder.

- **Universitäten.** An meiner ehemaligen Universität hat jeder Fachschaft eigene Logos – also auch eigene T-Shirts, Hoodies und Tragetaschen. Jeden Oktober habe ich die Erstsemester mit ihren neu gekauften Fachschafts-T-Shirt und Pullovern rumlaufen sehen.

Wenn du mit offenen Augen durch die Welt läufst, findest du schnell Absatzmärkte und Möglichkeiten. Allerdings gehört dazu etwas Glück und eine Portion Mut – denn von alleine wirst du keine Aufträge bekommen, du musst die Verantwortlichen ansprechen und zu Kunden gewinnen.

Eigener Onlineshop

Ein Onlineshop eignet sich sehr gut, um ein passives Einkommen aufzubauen. Jedoch ist ein Onlineshop mit viel Aufwand verbunden, zumindest bis er aufgebaut ist. Ein Shop ohne Traffic bringt dir jedoch auch noch kein Geld, deshalb musst du dafür sorgen, dass dein Shop gut besucht wird und einen gewissen Bekanntheitsgrad erlangt. Mit Anbietern wie Shopify kannst du heutzutage schnell und einfach einen eigenen Shop erstellen, manche T-Shirt Anbieter bieten ebenfalls die Möglichkeit, einen eigenen Shop für deine T-Shirts zu erstellen.

Ich habe mich gegen einen eigenen Shop entschieden, da ich mich auf schnelllebige Kampagnen spezialisiert habe und immer schaue, was gerade angesagt ist und im Trend liegt. Weiterhin ist die Gewinnspanne geringer, da jedes T-Shirt sofort gedruckt werden muss und Bestellungen nicht gesammelt werden - die Druckkosten steigen. Zudem lassen sich diverse psychologische Verkaufstricks wie der Verknappungseffekt nicht allzu glaubwürdig in einen Shop integrieren.

Pay Per Click Marketing über Facebook (PPC)

Meiner Meinung nach die beste Möglichkeit, um mit einem T-Shirt schnell viel Geld zu verdienen. Du schaltest für eine genau definierte Zielgruppe Werbung bei Facebook. Mit einem Tagesbudget von beispielsweise 5€ kannst du schnell den zehnfachen Umsatz generieren. Du siehst auch sehr schnell, ob eine Werbekampagne gut läuft und Umsatz bringt oder Geldverschwendung ist. Sollte sich ein Design nach drei Tagen Werbung nicht verkauft haben, liegt es entweder daran, dass die Zielgruppe schlecht gewählt war oder das Design leider einfach schlecht ist. Mit Facebook Werbung kannst du kostengünstig viele tausend Menschen erreichen und einen hohen Umsatz generieren. Weiterhin lässt sich das T-Shirt Geschäftsmodell mithilfe von PPC Werbung stark skalieren. Hast du ein Design das eh schon sehr gut läuft, erhöhst du einfach dein Tagesbudget von z.B. 5€ auf 20€ und noch mehr Geld fliest in deine Taschen.

Facebook ist eine mächtige Waffe! Wir werden später genauer darauf eingehen und alles Schritt für Schritt erklären.

Instagram Marketing

Über Instagram hingegen kannst du dir selbst eine hohe Reichweite aufbauen oder du nutzt die vorhandene

Reichweite von anderen, sogenannten Influencern. Je größer deine Reichweite bei Instagram, desto größer auch dein Vertriebskanal. Über Instagram werden zahlreiche Produkte vertrieben, von Nahrungsergänzungsmitteln bis T-Shirts oder Dienstleistungen ist alles dabei.

Ich selbst zahle Seiten bzw. Leuten mit mehreren tausend Followern in meiner jeweiligen Nische 50€ bis 100€, damit sie meine Designs bewerben. Aber dazu später mehr.

Bevor wir mit dem Verkauf unserer T-Shirts anfangen können, brauchen wir zuerst einen zuverlässigen T-Shirt Anbieter. Deshalb schauen wir uns im nächsten Kapitel die verschiedenen Anbieter an.

T-Shirt Anbieter

Du musst dir gut überlegen mit welchem Geschäftspartner du starten möchtest. Mehrere stehen zur Auswahl und jeder hat seine Vor- und Nachteile. Am Anfang des Buches haben wir bereits die Vorteile von T-Shirt Anbietern wie Spreadshirt, Teezily oder Teespring geklärt.

Fassen wir kurz zusammen: die gesamte Infrastruktur steht bereits, du musst keine Maschinen kaufen, kein Personal haben und kein Lager verwalten. Produktion, Zahlungsabwicklung, Logistik und Kundensupport werden für dich übernommen.

So kannst du dich voll und ganz auf den Verkauf von deinen T-Shirts konzentrieren!

Angefangen habe ich mit Teespring.com. Prinzipiell ist Teespring eine sehr gute Plattform um T-Shirts zu verkaufen und bietet auch alle Dienstleistungen, die wir benötigen. Es lassen sich auch Handyhüllen, Flaggen, Taschen oder Kaffeetassen bedrucken. Mir ist schnell klar geworden, dass Teespring für den deutschen Markt aufgrund der langen Lieferzeit von bis zu 12 Tagen eher schlecht geeignet ist. Wir haben uns mittlerweile daran gewöhnt, dass bestellte Artikel am nächsten Tag oder zumindest in 2-3 Tagen ankommen (dank Amazon...). Für den amerikanischen Markt ist Teespring klasse, für den europäischen und deutschen Markt bin ich hingegen auf Teezily umgestiegen.

Bei Teezily werden bestellte T-Shirts in 3 – 7 Tagen geliefert, was ein deutlicher Pluspunkt ist. Über Teespring bin ich einige Designs fast nicht losgeworden. Als ich sie dann über Teezily verkauft habe, stieg der Umsatz schlagartig! Bei Teezily gibt es mehr als nur T-

Shirts. Je mehr Produkte du im Angebot hast, desto höher kann die Cross Selling Quote ausfallen. Das bedeutet einfach, wenn deinem Kunden dein T-Shirt Design richtig gut gefällt, dann bestellt er eventuell noch einen Kapuzenpullover und eine Handyhülle mit dem gleichen Design. Diese werden ebenfalls erst nach einem Kauf produziert und für dich entstehen keine Mehrkosten.

Hier eine Auflistung mit Produkten, denen du bei Teezily dein Design verpassen kannst:

- Unisex T-Shirt mit Rundhals oder V-Ausschnitt
- Langarmshirts Unisex
- Tank Tops für Männer und Frauen
- Unisex Kapuzenpullover und Sweatshirts
- T-Shirts für Frauen
- Premium T-Shirts, Kapuzenpullover und Sweatshirts aus Baumwolle
- Diverse Pullover und T-Shirts aus Biobaumwolle
- Unisex Baseball Jacken
- T-Shirts und Kapuzenpullover für Kinder
- Babybodys
- Halskette mit rundem/quadratischen Anhänger
- Tassen
- Diverse Handyhüllen für iPhone/Samsung Galaxy

Gut laufende Designs kannst du entweder nach und nach auf weitere Produkte ausweiten oder du bietest von Anfang an eine große Palette an verschiedenen Produkten an und bewirbst diese auch. Das hier gezeigte Geschäftsmodell lässt sich fast genauso auf Kaffeetassen mit eigenem Design übertragen oder auf Handyhüllen.

Fassen wir die wichtigsten Vorteile von Teezily zusammen:

- Du kannst Kampagnen erstellen und es wird bereits ab dem ersten Verkauf gedruckt. Bei anderen Anbietern werden die T-Shirts erst gedruckt, wenn das Ziel der Kampagne erreicht ist. Bedeutet: wenn das Ziel 50 ist und du nur 49 verkaufst, dann wird nicht gedruckt!

- Du kannst den Kunden Nachrichten schreiben und Gruppen erstellen. Das vereinfacht die Kommunikation enorm.
- Es gibt ein ausführliches Dashboard. Dort siehst du deinen Profit, wie viele Produkte du verkauft hast, wie viele Besucher dein Shop/deine Seite hat und wie die Conversion Rate ist. Alle wichtigen Daten werden grafisch für dich aufbereitet und dargestellt.
- Du kannst verschiedene Gutscheincodes und Rabatte anbieten. So kannst du mit kostenlosem Versand locken und gleichzeitig den Preis etwas erhöhen. Oder du bietest X€ Rabatt bzw. X% Rabatt auf deine T-Shirts.
- Du kannst schnell und unkompliziert einen eigenen Shop erstellen. Meiner Meinung nach kein Muss, aber eine nette Funktion. Ich nutze nur Kampagnen, andere haben dafür viele Designs in ihrem eigenen Shop und verdienen damit ein nettes passives Einkommen.
- Ein faires Affiliate System. Du bekommst als Affiliate 70% Provision für jeden Kauf innerhalb von 30 Tagen. Man bekommt als Verkäufer ebenfalls auch einen gewissen Prozentsatz, wenn jemand über deinen Link auf dein Produkt kommt, sich anschließend aber für ein anderes Design von einem anderen Verkäufer entscheidet.
- Teezily ist in 12 Sprachen verfügbar und liefert weltweit. Große europäische Länder wie Frankreich, Spanien oder die Niederlande kannst du somit leicht erschließen.

- Aktuell gibt es 10 verschiedene Zahlungsarten, sodass deine Kunden eine große Auswahl haben und nicht verschreckt werden, weil sie erst Geld auf irgendein Konto überweisen müssen.
- Die Produkte, besonders die T-Shirts, sind vom Preis-Leistungs-Verhältnis sehr gut. Ein T-Shirt gibt es bereits ab 6,50€, sodass du problemlos 5€ und mehr Profit pro verkauften T-Shirt erwirtschaften kannst.
- Die T-Shirts lassen sich vom Kunden personalisieren. So kann ein Platzhalter durch ein beliebiges Wort ersetzt werden. Simples Beispiel: „Ich heiße [NAME]!" und statt [NAME] wird dann der Name des Kunden auf das T-Shirt gedruckt.

Teezily bietet noch viele weitere Vorteile, die jedoch bei meiner Entscheidung für diesen Anbieter nicht allzu sehr ins Gewicht gefallen sind. Letztlich musst du dich für einen der zahlreichen T-Shirt Anbieter entscheiden. Für den deutschen Markt kann ich dir Teezily wärmstens empfehlen, für den amerikanischen Markt dagegen Teespring.

Wenn du dich entschließt, den amerikanischen Markt zu erobern, dann kann ich dir den guten Rat geben, dich so schnell wie möglich bei Amazons Programm **Merch by Amazon (kurz MBA)** zu bewerben. Da die Plätze limitiert sind, kannst du nur über eine Einladung von Amazon teilnehmen. Erst wenn du dich beworben hast und wieder ein Platz frei ist, hast du eine Chance.

Der große Vorteil ist der riesige Markt bzw. die riesige Plattform, die Amazon dir bietet. Viele Verkäufer berichten darüber, dass sie kaum Werbung schalten müssen, da sie über organische Suchanfragen bei Amazon gefunden werden.

Es ist sehr wahrscheinlich, dass MBA Ende 2017 oder Anfang 2018 bei uns in Deutschland startet. Dementsprechend kann ich dir nur empfehlen, Amazon als zusätzliche Vertriebsplattform zu nutzen und somit dein T-Shirt Business auszuweiten, sobald dies möglich ist.

Schritt für Schritt zur ersten Kampagne

Eine Kampagne bei Teezily zu erstellen ist eigentlich sehr einfach. Wenn du das jedoch zum ersten Mal machst sind einige Punkte wahrscheinlich nicht ganz klar. Zudem gibt es einige Tipps und Trick, mit denen deine Kampagne erfolgreicher wird. Deswegen erstellen wir jetzt Schritt für Schritt eine eigene Kampagne!

Zuerst musst du dich bei Teezily kostenlos registrieren. Entweder mit deinem Facebook Account oder mit deinem Namen und deiner Emailadresse. Anschließend hast du Zugriff auf alle Funktionen von Teezily und kannst mit dem Geldverdienen starten!

1) Klicke auf **Mein Konto** und du gelangst zum Dashboard. Es ist auf Englisch, also nicht wundern.
2) Klicke auf **Create a Product** und du landest im Editor. Hier kannst du die verschiedenen Produkte erstellen bzw. dein Design hochladen.
3) Links kannst du entweder Schrift bzw. einen Text hinzufügen, oder dein Design hochladen, wenn du auf **Bild hinzufügen** klickst. Du kannst auch personalisierbarer Text einstellen, sodass dein Kunde ein Wort vom Design verändern kann.

Erfahrungsgemäß werden T-Shirts mit einfacher Schrift nicht sehr häufig gekauft. Ich persönlich würde keine 20€ für ein T-Shirt mit simpler Schrift ausgeben. Designs, welche vom Kunden personalisierbar sind verkaufen sich oft sehr gut. Ich habe schon T-Shirts mit einfachem Text gesehen, die sich extrem gut verkauft haben, weil der Spruch lustig war und der Kunde seinen eigenen Namen aufs Shirt drucken lassen konnte.

Ich empfehle dir ein gutes Design erstellen zu lassen und es anschließend hochzuladen. Du kannst auch Text verwenden und ein eigenes Design hochladen

4) Lade dein Design hoch und platziere es an der gewünschten Stelle. Der rote Rahmen markiert den Druckbereich. Alles außerhalb des roten Rahmens wird nicht gedruckt!
5) Rechts siehst du eine Leiste mit verschiedenen Farben für dein T-Shirt. Schwarz und weiß verkaufen sich am Besten. Wähle die gewünschte Farbe aus.
6) Unten kannst du dir noch die Rückseite des T-Shirts anzeigen lassen. Wenn du auch die Rückseite anpassen willst, dann erhöht dies die Druckkosten und verringert deinen Profit. Für den Anfang würde ich darauf verzichten, die Rückseite zu bearbeiten.
7) Rechts in der Leiste kannst du alle verfügbaren Produkte sehen und auswählen, welches du primär für deine Kampagne verwenden möchtest. Ich empfehle T-Shirt oder Kapuzenpullover.
8) Sobald du mit deinem Design zufrieden bist, klicke auf **Nächster Schritt** und du kannst Ziele für deine Kampagne einstellen.

Du musst nicht für jedes Produkt das Design neu erstellen. Wenn du ein fertiges Design für ein T-Shirt hast und du auch einen Kapuzenpullover anbieten möchtest, wird dein fertiges Design automatisch an das jeweilige Produkt angepasst.

Jetzt legst du deine Ziele für die Kampagne und den Preis fest.

9) Wähle Europa aus, wenn du nach Deutschland verschicken willst. Und wähle € als Währung.
10) Jetzt kannst du dein Umsatzziel festlegen. Du wirst folgenden Satz sehen: *Dieses Ziel ist das Minimum an Produkten, das sie verkaufen müssen, damit die Herstellung und der Druck in Auftrag gegeben werden können.* Teezily druckt jedoch bereits ab dem ersten Verkauf. Es geht hier um Verkaufspsychologie. Wenn der Kunde sieht, dass noch zwei T-Shirts fehlen, bevor die Kampagne erfolgreich ist und die Shirts gedruckt werden, dann kauft er eher und eventuell sogar mehr. Setze dir keine zu hohen Ziele. Ich habe immer mit 10 angefangen und seit ich den Dreh raus habe, bin ich bei 50 als Ziel verblieben.
11) Als nächstes legst du den Preis fest. Ein normales T-Shirt kostet 6,50€. Verkaufst du es also für 14,99€, hast du über 5€ Profit und der Preis ist nicht zu hoch. 14,99€ geben viele Menschen für ein gutes Design aus. Du kannst auch problemlos 20€ bis 30€ als Preis festlegen. Dann brauchst du allerdings eine kaufstarke Nische, sodass du durch das Design emotionale Impulskäufe auslöst.
12) Unten siehst du ein Rechteck. Dort kannst du weitere Produkte wie Pullover oder Tassen hinzufügen, Farben und Preise bestimmen. Ich biete immer einen Kapuzenpullover und ein langärmliges T-Shirt an. Je nach Nische und Zielgruppe biete ich zusätzlich extra T-Shirts für Frauen an.

Bei dem Preis solltest du nicht nur die Druckkosten einbeziehen, sondern auch Werbekosten. Ich strebe immer 5€ Nettogewinn pro Verkauf an. Das bedeutet aber auch, dass ich schon Werbekosten vom eigentlichen Profit abgezogen habe. Besonders am Anfang, wenn du noch wenig Erfahrung mit Facebook und Instagram hast, solltest du höhere Werbekosten und somit einen höheren Profit pro Verkauf einrechnen.

So kannst du als Puffer 3€ bis 5€ für Werbung mit einkalkulieren. Das sieht dann so aus für ein T-Shirt: 6,50€ Druckkosten + 5€ Nettogewinn + 5€ Werbekosten = 16,50€. Diese 16,50€ legst du dann als Preis fest, wobei sich dann 16,49€ oder 16,99€ anbieten.

Oben siehst du dann den **berechneten Gewinn**, wenn du dein Umsatzziel erreichst.
Klicke auf **Nächster Schritt**, wenn du fertig bist. Es fehlt nur noch die Beschreibung und das Enddatum.

13) Du kannst dir für deine jeweilige Sprache eine empfohlene Beschreibung erstellen lassen. Dazu einfach Deutsch auswählen und auf das blaue Kästchen rechts daneben klicken.
14) Alternativ gibst du selber einen Titel ein und schreibst deine Beschreibung einfach selber. Du kannst in die Beschreibung auch Bilder einfügen und sie somit noch ansprechender gestalten.
15) Anschließend musst du das Enddatum festlegen. WICHTIG: die T-Shirts werden erst produziert, wenn die Kampagne beendet ist. Lässt du T-Shirts für ein bestimmtes Event anfertigen, so musst du sowohl das Enddatum als auch die Produktionszeit und Versandzeit mit einrechnen.
16) Danach musst du entscheiden, ob die Kampagne nachdem sie beendet wurde, automatisch erneut startet. Ich mache das nicht, gut laufende Kampagnen starte ich selbst neu und passe die

Umsatzziele an, da ich in der Regel mit 10 T-Shirts als Ziel starte.

17) Anschließend kannst du eine URL für deine Kampagne festlegen. Ich wähle ein einfach zu merkendes und zur Kampagne passendes Keyword wie z.B. Einhorn.
18) Jetzt musst du dich entscheiden, ob du möchtest, dass die Rückseite angezeigt werden soll. Ich lasse immer die Rückseite meiner Produkte anzeigen, damit sich die Kunden einen besseren Eindruck vom Produkt machen können.
19) Danach kannst du deine Kampagne auf dem Marketplace von Teezily anzeigen lassen. Diese Funktion benutze ich kaum, da fast 95% meiner Kunden über Facebook Werbung und Instagram Marketing kommen.
20) Bevor du deine Kampagne veröffentlichst, kannst du sie noch zu deinem Store bei Teezily hinzufügen.
21) Bist du komplett fertig, klicke auf veröffentlichen! Glückwunsch, du hast deine erste Kampagne veröffentlicht.

Tatsächlich beginnt jedoch erst jetzt die eigentliche Arbeit. Wenn du es nicht schaffst, deine Produkte zu verkaufen, dann sind sie wertlos und die ganze Arbeit zuvor war umsonst. In den nächsten Kapiteln schauen wir uns an, wie du deine T-Shirts am Besten an den Mann und an die Frau bringst!

Richtig verkaufen – die Beschreibung

Die Beschreibung ist das wichtigste Element, wenn dein Kunde durch Werbung auf dein T-Shirt aufmerksam geworden ist und schon mit dem Gedanken spielt, es zu kaufen. Wenn die Beschreibung überzeugt und einige verkaufspsychologischen Kniffe angewendet werden, kannst du deine Conversion Rate enorm steigern!

Titel

Der Titel ist das Erste was du liest und muss dementsprechend Interesse wecken und überzeugen. Du musst in wenigen Worten einen emotionalen Kaufimpuls auslösen und dafür sorgen, dass dein Kunde entweder die Beschreibung liest oder deinen Artikel einfach sofort kauft.

Du kannst mit einem provokanten Titel die Aufmerksamkeit gewinnen oder Tatsachen in Verbindung mit Suggestionen verwenden. Beispielsweise „ACHTUNG! Nur für Polizisten!" oder „Du magst Einhörner. Dann wird wirst du das hier lieben!".

Weiterhin lässt sich gut der Verknappungseffekt einsetzen und suggerieren, dass es nur noch X T-Shirts gibt und sie bald ausverkauft sein werden und nie wieder erhältlich sein werden.

- NUR FÜR KURZE ZEIT!
- Limited Edition!
- Weihnachts-Special
- EINMALIGE Chance

Solche Aussagen im Titel in Verbindung mit einigen Interesse weckenden Worten über deine Nische/dein Produkt können wahre Wunder bewirken. Du kannst auch ein Gefühl des Zusammenhalts wecken und den potentiellen Käufer denken lassen, „Ja das trifft auch auf mich zu!" oder „Ja ich bin Lehrer/liebe Einhörner/was auch immer!". Ich würde einfach bei anderen Verkäufern in deiner Nische schauen, wie sie den Titel formulieren und welche T-Shirts sich besonders gut verkaufen. Du musst nichts von Grund auf neu erfinden und kannst gut laufende Slogans und Sprüche in deine eigenen Titel implementieren. Ich habe lange experimentieren müssen und habe dabei festgestellt, dass kurze und knackige Titel, welche das Interesse wecken und nicht zu viel bzw. nichts über das Produkt verraten, sehr gut laufen.

Beschreibung

Die Beschreibung ist ebenfalls sehr wichtig, denn dort werden die letzten Fragen des Kunden geklärt und der Kunde entscheidet meist endgültig, ob er dein T-Shirt kauft oder nicht.

In die Beschreibung kann der Verknappungseffekt auch durchaus sinnvoll sein, da dem Kunden dort direkt suggeriert wird, dass bald alle T-Shirts weg sind und er schnell kaufen muss. Neben den zuvor genannten Formulierungen einige ergänzenden Sätze/Wörter wie

- Nicht im Einzelhandel erhältlich
- Nur X T-Shirts verfügbar
- Fast ausverkauft!

Alle diese Formulierungen erhöhen deine Conversion Rate und du kannst durch solche simplen psychologischen Verkaufstricks deinen Umsatz massiv steigern.

Weiterhin solltest du deutlich erkennbar machen, dass dein Kunde sicher bezahlen kann und keinerlei Risiko eingeht bei dem Kauf deines Produkts. Viele Kunden verwenden PayPal, ihre Kreditkarte und die Sofortüberweisung als Zahlungsweise, da diese als sicher und zuverlässig gelten. Ich schreibe immer Folgendes:

- RISIKOLOS bezahlen mit PayPal, Kreditkarte oder Sofortüberweisung!

Anschließend füge ich die Icons von der jeweiligen Zahlungsweise ein. Durch die kleinen Bilder sieht die Beschreibung professioneller aus und hebt sich von den meisten anderen ab. Zudem sieht der Kunde direkt und ohne lesen zu müssen, dass sichere Zahlungsanbieter verfügbar sind.

Beispiel einer Beschreibung

Du magst Einhörner? Du gehörst zu dem starken Geschlecht? Du hast einen Sinn für Humor? Gefällt dir dieses T-Shirt? Heute bekommst du die Chance, dieses limitierte T-Shirt zu kaufen!

Nur für kurze Zeit und exklusiv hier erhältlich.

RISIKOLOS bezahlen mit PayPal, Kreditkarte oder Sofortüberweisung!
[Icons von den Zahlungsanbietern]

Erhältlich in allen gängigen Größen und in verschiedenen Ausführungen.

Wie man bestellt?
Klicke auf das Dropdown-Menü und wähle dein Modell aus

Klicke auf « Jetzt kaufen »
Wähle Größe und Farbe deiner Bestellung
Gib deine Lieferadresse und Zahlungsdaten ein
Fertig!

Die Beschreibung muss nicht lang sein, der Kunde muss schnell überzeugt werden und es muss ein Kaufimpuls ausgelöst werden. Viele Verkäufer verwenden sehr kurze Beschreibungen, andere haben nur ein bis zwei Sätze als Beschreibung. Dein Design ist immer noch das Herzstück. Wenn das nicht überzeugen kann, dann wird es die Beschreibung auch nicht mehr hinbiegen können!

Facebook Marketing

Im Kapitel Vertriebskanäle habe ich dir einige Wege gezeigt über die du deine T-Shirts verkaufen kannst. Jetzt schauen wir uns im Detail an wie du über Facebook viele T-Shirts verkaufen kannst.

Dabei benutze ich bezahlte Werbung bei Facebook. Diese hat einige bedeutende Vorteile:

- Du kannst sehr schnell sehr viele Leute erreichen.
- Du kannst deine Zielgruppe sehr detailliert aussuchen und filtern.
- Facebook Werbung kostet wenig Geld, mit 1€ kannst du über 10€ Profit erwirtschaften (Erfahrungswert).
- Wenn du eine gut laufende Werbekampagne hast, kannst du das Tagesbudget erhöhen und somit deine Einnahmen skalieren!

Jedoch birgt diese Art des Marketings die Gefahr, viel Geld in den Sand zu setzen. Am Anfang meiner Karriere habe ich auf gut Glück eine Zielgruppe ausgesucht und 10€ als Tagesbudget verwendet. Ich lies die Werbung fünf Tage lang laufen und verkaufte nichts. Meine Zielgruppe war viel zu groß und ich habe einige entscheidende Fehler beim Erstellen der Werbeanzeige gemacht. Ich habe auch schon Leute kennengelernt, die hunderte bis tausende Euro in den Sand gesetzt haben, bis sie den Dreh mit Facebook raus hatten und eine erfolgreiche Werbekampagne nach der anderen starteten.

Produktfotos
Du brauchst zuerst ein Bild von deinem T-Shirt. Dazu einfach auf Teezily gehen und deine Kampagne öffnen (so wie deine Kunden es sehen würden). Du siehst links zwei kleine Miniaturbilder von der Vorder-und Rückseite und das große Hauptbild. So speicherst du deine Bilder (Firefox):

- Rechtsklick auf Hauptbild
- Hintergrundgrafik anzeigen
- Es öffnet sich eine neue Seite, wo nur das Bild deines T-Shirts zu sehen ist
- Rechtsklick auf das Bild
- Grafik speichern unter und Bild abspeichern

Jetzt kannst du es für deine Facebook Werbeanzeige verwenden.

Fanseite
Um Facebook Werbung nutzen zu können, brauchst du eine Fanseite bei Facebook für deine Nische/Produkte. Dies ist kostenlos und ohne solch eine Seite kannst du keine Werbung bei Facebook schalten!

1) Öffne Facebook und klicke oben rechts auf den kleinen Pfeil.
2) Klicke auf **Seite erstellen**.
3) Wähle **Marke oder Produkt** aus.
4) Wähle eine Kategorie aus und suche dir einen Namen für deine Fanseite aus. Beispielsweise verkaufe ich mehrere besagte T-Shirts mit Einhorn Designs. Also könnte ich meine Fanseite Einhorn Club, GIB MIR

EINHÖRNER oder sonst wie nennen. Der Name muss zum einen kurz und knackig sein und zum anderen empfiehlt es sich den Namen so zu wählen, dass du daraus eine Marke machen kannst. Einhorn T-Shirts könnte ich prinzipiell auch als Namen nehmen, eine Marke mit so einem Namen klingt jedoch eher langweilig.

5) Klicke auf Los geht's.
6) Unter Einstellungen findest du den Reiter Bevorzugte Seitenzielgruppe. Lege hier deine gewünschte Zielgruppe fest. Bei Einhörnern lege ich als Zielgruppe Frauen zwischen 16 und 30 fest und wähle Deutschland als Standort. Unter Interessen kommen dann beispielsweise Online Shopping, Einhorn, T-Shirt, etc.
7) Jetzt musst du deine Seite einrichten. Füge ein Bild und ein Titelbild hinzu. Achte darauf, dass sie hochwertig aussehen und zu deiner Nische/Zielgruppe passen. Du kannst dir ebenfalls bei Fiverr.com für 5€ ein Design für deine Facebook Seite erstellen lassen.
8) Füge eine Seitenbeschreibung und drei bis fünf Beiträge hinzu. So könnte ich beispielsweise lustige Bilder oder coole Sprüche mit Einhörnern posten.
9) Füge einen Button hinzu, der deine aktuelle Teezily Kampagne verlinkt.
10) Lade deine Freunde ein, deine Seite zu liken.

Kleine Info am Rande: rechtlich gesehen muss jede Facebook Seite auch ein Impressum haben oder auf ein Impressum verweisen.

Ich empfehle dir ein bis zwei Stunden in die Erstellung deiner Seite zu investieren. Denn aus deiner Seite können deine potentiellen Kunden Rückschlüsse auf deine T-Shirts ziehen. Sieht deine Seite billig und schlampig aus, kauft kaum jemand ein Produkt von dir!

Es ist wichtig, dass du einen Beitrag erstellst, in dem du für dein T-Shirt wirbst und der deine Fans zu deiner Teezily Kampagne weiterleitet. Schreibe einen kurzen und interessanten Text. Benutze das Produktfoto von deinem T-Shirt und Emojis um deinen Text visuell anschaulicher zu gestalten. Verwende zwei bis drei Sätze füge am Ende deinen Link zur Teezily Kampagne hinzu. Den Link solltest du mit dem Link Shortener (https://goo.gl/) von Google kürzen lassen. Diesen Beitrag verwendest du später für deine Werbekampagne!

Zielgruppe richtig auswählen

Neben deinem T-Shirt Design ist die richtige Zielgruppe entscheidend für deinen Erfolg! Es erfordert Erfahrung und Übung um die richtige Zielgruppe festzulegen. Wenn du bei diesem Schritt schlampig bist und nicht genau genug recherchierst, wirst du unter Umständen viel Geld verlieren. Das hatte ich zuvor auch bereits angesprochen.

Im Facebook Business Account findest du **Zielgruppen-Insights**. Mit diesem Tool kannst du Zielgruppen erstellen und du siehst viele Statistiken zu den Facebook Usern. So siehst du beispielsweise die demografischen Angaben der einzelnen Nutzer und kannst herauffinden, wie diese sich verändern, wenn du bestimmte Interessen angibst.

1) Wähle **Jeder auf Facebook**.
2) Wähle Deutschland, Österreich, Schweiz als **Land**.

3) Wähle unter **Erweitert -> Sprachen** deutsch als Sprache.
4) Entferne USA als Land, falls es automatisch ausgewählt wurde.
5) Verschiedene Interessen hinzufügen und dir die Statistiken dazu anschauen.

Jetzt kannst du ablesen, dass ca. 50% der Facebook Benutzer zwischen 18 und 34 Jahre alt sind und das Männer-Frauen-Verhältnis etwa 50/50 beträgt.

Mit diesem Tool kannst du sehr viele Informationen erhalten. Beispielsweise kannst du das demografische Verhältnis einer Stadt analysieren und dir die verschiedenen Bildungsgrade anschauen. Du kannst nach anderen Fanseiten suchen und dir anschauen, wie viele Leute ein Interesse daran haben, wie die Altersstruktur ist oder ob die Leute eher Single oder vergeben sind.

Geben wir beispielsweise printed T-Shirts als Beispiel an, so erhalten wir 1500 – 2000 monatlich aktive Nutzer. Die größte Gruppe mit 36% ist männlich mit einem Alter von 45 bis 54. 60% von den 1500 – 2000 haben einen Hochschulabschluss und 25% sind Single.

Eine Zielgruppe könnte so aussehen:

- Länder: Deutschland, Österreich, Schweiz (weil es auch dort deutschsprachige Kunden gibt)
- Sprache: Deutsch
- Lehrerausbildung (weil wir gezielt T-Shirts für Lehrer verkaufen wollen)
- Alter: 18 bis 34 Jahre
- Ausbildung: Hochschule (wir wollen Studenten oder fertige Lehrer)

- Größe der Zielgruppe: 30.000 bis 35.000 monatlich aktive Nutzer

Wenn wir gezielt weibliche Lehrer haben wollen, so fügen wir noch das Geschlecht weiblich hinzu und unsere Zielgruppe schrumpft auf 20.000 bis 25.000 monatlich aktive Nutzer. Dies ist eine gute Größe und es ist wahrscheinlich, dass wir mit dieser Zielgruppe viele Lehramt Studenten oder junge Lehrer erreichen. Wenn das Design genau auf Lehrerinnen/angehende Lehrerinnen zugeschnitten ist, dann stehen die Chancen für eine erfolgreiche Kampagne gut.

Schritt für Schritt zur ersten Werbekampagne

Wichtig: bevor du anfängst die einzelnen Schritte abzuarbeiten, solltest du erst den gesamten Text lesen. Die folgende Anleitung arbeitet alles in einem Rutsch ab, du solltest bereits deine Produktfotos und eine Facebook Seite fertig haben.

Als erstes brauchst du einen Business Account bei Facebook. Logge dich in deinen Facebook Account ein und klicke oben rechts auf den kleinen Pfeil. Es öffnet sich das Menü, wo du dich unter anderem auch abmelden kannst. Dort findest du die beiden Punkte **Werbeanzeigen erstellen** und **Werbung auf Facebook**.

Klicke auf **Werbeanzeigen erstellen** und du gelangst in den Werbeanzeigenmanager von Facebook. Dort musst du jetzt dein Marketingziel auswählen. Wir wollen, dass der potentielle Kunde über unsere Anzeige auf unsere Kampagne bei Teezily gelangt. Deshalb ist eine hohe **Conversion** wichtig für uns. Rechts siehst du eine Spalte **Conversions** mit den Unterpunkten **Conversions**, Produktkatalogverkäufe und Besuche im Geschäft. Uns interessiert nur der erste Punkt. Vergib einen Kampagnennamen und klicke auf **Werbekonto einrichten**.

Als nächstes musst du Land des Kontos, Währung und Zeitzone angeben. Da die Punkte bereits automatisch ausgefüllt sind, reicht ein Klick auf **Weiter**.

Jetzt bist du beim Unterpunkt **Angebot** angelangt. Unter dem Punkt **Conversions -> Webseite** siehst du ein Infofeld über **Facebook-Pixel**. Pixel brauchst du auf jeden Fall, um deine Werbeanzeigenkampagne tracken zu können bzw. um aussagekräftige Statistiken zu erhalten. Sonst kannst du anschließend deine Werbekampagne nicht auswerten. Deshalb erstellen wir das Pixel jetzt. Klicke **auf Pixel erstellen**.

Es öffnet sich ein kleines Fenster mit dem Hinweis, dass du mit einem Facebook-Pixel den Erfolg deiner Werbung messen kannst und somit deine Conversions optimieren kannst. Weiterhin siehst du den Hinweis, dass du nur einen Pixel pro Werbekonto erstellen kannst. Klicke auf **Erstellen**.

Als nächstes müssen wir den Pixel mit Teezily verbinden. Nachdem dein Pixel erstellt wurde, hast du die Option, mit der Erstellung deiner Kampagne fortzufahren oder deinen Pixel weiter einzurichten. Klicke auf **Richte jetzt das Pixel ein**.

Danach klickst du auf den zweiten Punkt **Einen Integration oder Tag Manager nutzen**. Wir brauchen jetzt die Pixel ID, damit wir diese bei Teezily eintragen können. Der schnellste und einfachste Weg an die Pixel ID zu gelangen, ist unter **Wähle deine Lösung** auf **Shopify** zu klicken. Keine Sorge, du kannst nichts falsch machen. Klicke auf **Shopify** und du siehst die nächste Seite **Go to your Shopify admin panel**. Im zweiten Satz siehst du dann **„[...]your pixel ID 1234567890123456.“**. Dort markierst und kopierst du einfach deine 16 Stellige Pixel ID und klickst unten auf **Schließen**.

Jetzt öffnest du einen neuen Tab und gehst zu deinem **Teezily Account**. Unter **Settings** findest du den Punkt **Marketing tools**. Unter Marketing tools findest du dann ***New Facebook pixel**. Kopiere dort deine Pixel ID rein und klicke unten auf **Update**.

Jetzt kannst du wieder den Werbeanzeigenmanager öffnen **und In den Einkaufswagen** auswählen. Somit erhältst du Daten und Statistiken, ob deine T-Shirts im Einkaufswagen gelandet sind.

Im nächsten Schritt legst du deine Zielgruppe fest. Dies ist einer der wichtigsten Teile, denn hier entscheidet es sich im großen Ganzen, ob deine Werbekampagne und damit deine Teezily Kampagne erfolgreich wird.

Wähle also den Standort aus, das Alter, Geschlecht und die Sprache. Anschließend musst du ein detailliertes Targeting machen. Du wählst also so genau wie möglich die Zielgruppe aus, die deine T-Shirts kaufen könnte.

Danach musst du entscheiden, wo deine Anzeigen platziert werden sollen. Ich platziere meine Anzeigen grundsätzlich im Facebook Feed (nur Computer) und auch auf mobilen Geräten nur in Feeds. Du kannst entscheiden, ob Facebook deine Anzeigen automatisch platziert oder ob du es lieber selbst machen möchtest. Klicke auf **Platzierung bearbeiten** und nun siehst du alle Möglichkeiten anhand eines Beispiels.

Erfahrungsgemäß kommen bei mir die meisten Kunden über Werbeanzeigen in Facebook Feeds, da sie beim „daddeln" am Handy oder am Computer schauen, was es bei Facebook Neues gibt und dann an meinen Anzeigen hängen bleiben. Das ist jedoch ganz von der Nische und Zielgruppe abhängig.

Du kannst auch Facebook vertrauen und deine Anzeigen automatisch platzieren lassen. Auch damit habe ich schon sehr gute Ergebnisse erzielt. Aber nach langem Herumprobieren habe ich mich dazu entschieden, meine Anzeigen fast ausschließlich in Feeds anzeigen zu lassen.

Anschließend legst du dein **Budget** fest und entscheidest, wie lange die Kampagne laufen soll. Nimm für den Anfang wenige Euro pro Tag als Budget. Aufgrund mangelnder Erfahrung kann es sonst schnell passieren, dass du viel Geld verlierst, weil deine Zielgruppe falsch ausgewählt war oder deine Anzeige nicht ansprechend gestaltet ist. Oder es kann eben auch passiere, dass dein Design einfach nicht gut ankommt.

Ich habe mit 5€ täglich angefangen und meine Werbeanzeigen drei Tage lang geschaltet. Nach diesen drei Tagen habe ich dann entschieden, ob es sich lohnt. Gut laufende Kampagnen lies ich bis zum Ende meiner Teezily Kampagne laufen, schlecht laufende Werbekampagnen habe ich optimiert (Zielgruppe oder Anzeige angepasst) oder komplett abgeschaltet. In der Regel lasse ich meine Werbekampagne so lange laufen, bis meine Teezily Kampagne endet.

Als nächstes erstellen wir die Werbeanzeige. Klicke auf **Bestehenden Beitrag verwenden**. Unter **Einen Seitenbeitrag auswählen** wählst du deinen Beitrag mit dem Link zu Teezily aus. Facebook mag am liebsten

Bilder mit wenig bzw. mit keinem Text. Was in der Regel kein Problem ist, da T-Shirt Designs oft wenig Text beinhalten.

Mit einem Klick auf **Bestätigen** gelangst du zur Zahlung. Ich zahle immer bequem per PayPal. Nach der Zahlung wird deine Anzeige geprüft. Ist die Prüfung erfolgreich, wird deine Anzeige freigegeben und der Verkauf deiner kann T-Shirts beginnen!

A/B Test

Hast du bereits etwas Erfahrung mit Werbekampagnen gesammelt, kannst du das sogenannte A/B Testing machen. Dabei erstellst du zwei unterschiedliche Anzeigen. Sie können sich im Text unterscheiden oder in den Bildern. Du könntest statt deines T-Shirts deinen Kapuzenpullover verwenden. Oder du lässt Facebook entscheiden, wo deine Anzeige platziert wird. Du kannst auch zwei verschiedene Zielgruppen ausprobieren für deine Kampagnen.

Jedenfalls geht es darum, von Anfang an auf zwei Pferde zu setzen und zu schauen, welches besser läuft. Die Anzeige, die schlecht läuft beendest du, die andere lässt du laufen oder testest sie gegen eine weitere Anzeige. Du kannst am Anfang zwei Anzeigekampagnen mit einem Tagesbudget von jeweils einem Euro starten. Nach drei Tagen schaust du dir an, welche von den beiden die Erfolgreichere ist und beendest die schlechtere Werbekampagne.

Conversion
Du wirst von Facebook viele Daten zu deinen Kampagnen bekommen. Meiner Erfahrung nach sind Conversion und Kosten am Wichtigsten.

Im **Werbeanzeigenmanager** findest du alle Statistiken zu deinen Anzeigekampagnen. In der Schritt für Schritt Anleitung haben wir angegeben, dass die im Einkaufswagen gelandeten T-Shirts gemessen werden sollen. Je mehr T-Shirts im Einkaufswagen gelandet sind desto höher ist die Conversion deiner Werbeanzeige. Beträgt die Conversion 5%, so haben 5 von 100 Kunden dein T-Shirt in den Einkaufswagen gelegt und somit höchstwahrscheinlich auch gekauft. Je höher die Conversion desto besser und profitabler war deine Werbung.

Weiterhin ist es essentiell zu wissen, wie viel deine Conversion eigentlich gekostet hat. Also wie viel hast du für Werbung bezahlt, um ein T-Shirt zu verkaufen? Wenn du eine Conversion 10€ kostet, dann lohnt es sich nicht. Hat dich eine Conversion 0,5€ gekostet, dann war das eine profitable Werbekampagne.

Geringe Kosten und eine hohe Conversion Rate sind der Schlüssel zum Erfolg. Ich zahle maximal 1€ pro Conversion, mein Schnitt liegt bei 0,50€. Ich kalkuliere 2€ Werbebudget pro verkauftem T-Shirt, um den Nettogewinn pro Verkauf möglichst hoch zu halten. Bei schlecht laufenden Kampagnen habe ich 1€ als Puffer und wenn die Kosten für meine einzige Conversion 2€ übersteigen, dann schalte ich die Kampagne ab.

Bei zu hohen Kosten ist eine Optimierung der Zielgruppe, der Anzeige oder der Platzierung notwendig.

Manchmal musst du nur ein einziges Wort oder einen Satz verändern um deine Conversion zu erhöhen. So hatte ich eine Anzeige, die sehr schleppend lief, nachdem ich eine zusätzliche Verknappung eingebaut hatte und meine Anzeige um den Hinweis „Limited Edition" ergänzte, erhöhte sich die Conversion massiv.

Es gibt keine Pauschallösung für Werbung. Jede Zielgruppe tickt anders und extrem viele Faktoren haben einen Einfluss auf den Erfolg von Werbung. Marketing Agenturen gibt es nicht grundlos! Große Konzerne und Unternehmen stecken Jahr für Jahr Unmengen an Geldern in ihre Werbemaschinerie, hochspezialisierte Teams arbeiten teils Monate an einer einzigen Werbekampagne nur um dann festzustellen, dass sie gefloppt ist.

Instagram Marketing

Ich benutze neben Facebook noch Instagram für meine Teezily Kampagnen. Instagram hat über 700 Millionen Nutzer weltweit und besonders viele junge Menschen – unsere potentiellen Kunden – verwenden tagtäglich Instagram. Viele Unternehmen nutzen Instagram um Reichweite aufzubauen und auch viele Sternchen und Promis haben Instagram für sich entdeckt. Wenn du dieses soziale Netzwerk durchstöberst wirst du viele verschiedene Nutzer finden, die für alles Mögliche Werbung machen. Unter anderem auch für T-Shirts!

Meine Strategie für das Instagram Marketing ist sehr simpel und basiert auf zwei Säulen: Werbeanzeigen und Influencern.

Werbeanzeigen

Die Werbeanzeigen, die du für Facebook erstellt hast, kannst du auch für Instagram verwenden. Bzw. du kannst bei Facebook festlegen, ob sie auch bei Instagram angezeigt werden sollen. Bei gut laufenden T-Shirts lasse ich mir von einem meiner Designer ein anschauliches Bild mit meinem T-Shirt erstellen. Mein Designer zaubert mir mit seinen Photoshop Künsten ein Bild von einer hübschen Frau am Strand, im Büro, im Wald, beim Einkaufen oder was gerade zur Nische/zum Design passt. Dabei trägt die Frau quasi mein T-Shirt. Der Designer hat einfach mein Design auf das ursprüngliche T-Shirt gephotoshopt. Für Instagram sind hochwertige Bilder besonders wichtig. Sie müssen auffallen und Emotionen wecken und das in wenigen Sekunden.

Bei Facebook funktioniert es meiner Erfahrung nach sehr gut, einfach das T-Shirt auf einem weißen Hintergrund zu zeigen, das Design kann oft von sich aus überzeugen. Bei Instagram hatte ich mit solchen Werbeanzeigen leider nur einen mäßigen Erfolg, sodass ich mir einen guten Designer bei Fiverr gesucht habe, der für mich anschauliche Bilder mit meinen Designs erstellen kann.

Influencer

Die Mehrheit der Menschen, Normalos wie du und ich, haben nur wenige Follower bei Instagram, wenn sie mit dem Verkauf von Produkten wie T-Shirts anfangen. Eine Reichweite aufzubauen geht nicht von heute auf morgen und du willst möglichst schnell möglichst viel Profit erwirtschaften. Glücklicherweise gibt es bereits andere Nutzer bei Instagram mit einer hohen Reichweite. Viele von ihnen sind gegen einen geringen Betrag (manche sogar kostenlos!) bereit, dein Produkt zu erwähnen und somit für dich zu werben.

Zuerst musst du potentielle Influencer ausfindig machen. Dazu suchst du nach nischenspezifischen Keywords oder Hashtags bei Instagram und schaust dir die Follower der potentiellen Influencer an. Verkaufst du T-Shirts für Frauen und die Follower sind überwiegend männlich, so musst du einen anderen Influencer finden. Das demografische Verhältnis der Follower muss ebenfalls deiner Zielgruppe entsprechen. Erfahrungsgemäß kaufen junge Menschen zwischen 18 und 25 häufig im Internet ein und benutzen zudem Instagram. Du musst dich dabei auch nicht direkt an die riesigen Influencer wenden, die täglich zich Anfragen für jedes nur erdenkliche Produkt bekommen, sondern es reichen auch vollkommen die kleineren Influencer, solange die Zielgruppe passt.

Je nach Nische wirst du Influencer mit einer Reichweite von einigen Tausend bis mehrere Zehntausend oder sogar Hunderttausend finden. Ich wähle meistens Influencer mit 5.000 bis 50.000 Followern. Ich habe die Erfahrung gemacht, dass solche Influencer dich für 50€ und weniger in einem ihrer Posts bewerben und dadurch viele Käufe zustande kommen können. Bei einer Reichweite von 50.000 ist eine Conversion von 0,1% bereits ausreichend um einen netten Gewinn zu machen. Dies wären 50 Verkäufe, bei einem Gewinn von 5€ pro verkauftem T-Shirt macht das schon 250€.

Hast du potentielle Influencer gefunden, schreibe sie über Instagram Direct Message oder Email an und biete ihnen eine Zusammenarbeit an. Schreibe höflich und professionell. Erkläre ihnen, wer du bist, welche Designs du verkaufst und wieso. Du musst sie pitchen! Erzähl eine kurze und interessante Story über dich und deine Mission, wie z.B. eine Marke für Einhorn T-Shirts aufbauen zu wollen und einen kleinen Betrag für vom Aussterben bedrohte Tiere spenden zu wollen, aber ***sei ehrlich und erfinde nichts!***

Biete an kostenlos ein oder zwei T-Shirts bereitzustellen, damit der Influencer Fotos/Posts damit machen kann. Die wenigsten Menschen lehnen kostenlose Dinge ab, auch wenn es nur ein T-Shirt ist. Du kannst noch einen kleinen Betrag von 25€ oder 50€ anbieten oder du denkst langfristiger: du gewinnst deinen potentiellen Influencer als Affiliate für deine T-Shirts. Dadurch kreierst du eine Win-Win-Situation für beide Seiten. Dein Influencer bekommt pro Verkauf ein Stück vom Kuchen ab und du profitierst von seiner Reichweite und verkaufst dadurch mehr T-Shirts.

Als weiteren Anreiz kannst du Rabatt Codes mit 10% anbieten, wenn Leute über den Link deines Influencers bestellen. Menschen kaufen eher, wenn sie etwas sparen können.

Fazit

Instagram bietet eine tolle Möglichkeit für eine langfristige Kooperation mit anderen Influencern. Du kannst mit wenig Werbebudget viele T-Shirts verkaufen und dadurch sehr viel Geld verdienen. Die Suche nach passenden Influencern kann sich als problematisch gestalten, wenn die Nische zu klein ist oder wenn du keine deutschsprachigen Kooperationspartner findest.

Schlusswort

Du hast dieses Buch gelesen und dadurch einen umfangreichen Überblick über das T-Shirt Geschäftsmodell erhalten. Dir bietet sich eine unglaublich profitable Möglichkeit im Internet Geld zu verdienen und dir ein passives Einkommen aufzubauen. Du musst nicht 8 Stunden am Tag arbeiten um mehrere Tausend Euro pro Monat zu verdienen. Am Anfang musst du mit 2 bis 3 Stunden täglich rechnen und erst einmal alles zu erlernen. Sobald du den Dreh raus hast reicht aber täglich lediglich eine Stunde.

Ich fasse kurz zusammen:

- Nische suchen und festlegen
- T-Shirt Design erstellen oder erstellen lassen
- Teezily Account erstellen und Kampagne erstellen
- Marketing betreiben (ich empfehle Facebook und Instagram)
- Probieren probieren probieren!
- Sobald du den Dreh raus hast, skalierst du dein Business

Ich wünsche dir viel Spaß und viel Erfolg und gebe dir noch einen wertvollen Tipp mit auf deinen Weg: **entwickle eine Vision**.

Wenn du eine Vision hast und ganz genau weißt, WARUM du heute morgen aufgestanden bist und WARUM du nach der Arbeit zusätzlich Zeit am Rechner verbringst, um dir ein passives Einkommen aufzubauen, dann wirst du langfristig Erfolg haben. Wenn du dein WARUM kennst, wirst du dich von Niederlagen nicht entmutigen lassen und weiter machen. Du bleibst am Ball und wirst deinen Weg zum Erfolg finden.

Eine Vision zu entwickeln ist gar nicht so einfach „ja ich

will 1000€ mehr im Monat zur Verfügung haben" reicht da nicht. Eine Vision ist dein persönliches WARUM. Ich will nicht bis zur Rente im Hamsterrad gefangen sein. Ich will finanziell frei sein und mein Leben genießen. Warum sollte ich bis zu Rente warten und erst dann all die Sachen machen, auf die ich Lust habe?

Ich wollte meinen Eltern schon immer ein Haus bauen, um ihnen etwas zurückzugeben. All die Jahre haben sie mich unterstützt, versorgt und mich groß gezogen. Dafür bin ich ihnen sehr dankbar und möchte ihnen endlich den Traum vom Eigenheim erfüllen. Daraus ist meine eigene Vision entstanden und daraus entstand mein Wille ERFOLG zu haben. Trotz vieler Niederlagen bin ich am Ball geblieben und habe nach Jahren endlich den für mich besten Weg gefunden finanzielle Freiheit zu erlangen.

Viel Spaß beim Aufbau deines eigenen T-Shirt Imperiums!

Rechtliches

Der Inhalt dieses Buchs wurde mit größter Sorgfalt erstellt und überprüft. Für die Vollständigkeit, Aktualität und Richtigkeit der Inhalte kann jedoch keine Garantie oder Gewähr übernommen werden. Der Inhalt dieses Buchs repräsentiert die persönliche Meinung und Erfahrung des Autors und dient nur dem Unterhaltungszweck. Es handelt sich ausdrücklich um keine Finanz- oder Anlageberatung und die Benutzung dieses Buchs und die Umsetzung der darin enthaltenen Informationen erfolgt ausdrücklich auf eigenes Risiko. Das Werk, inklusive aller Inhalte, gewährt keine Garantie oder Gewähr für Aktualität, Korrektheit, Vollständigkeit und Qualität der bereitgestellten Informationen. Druckfehler und Fehlinformationen können nicht vollständig ausgeschlossen werden.

10670937R00041

Printed in Germany
by Amazon Distribution
GmbH, Leipzig